Ingrid Walz / Christoph Riedel

Christliche Werte vermitteln – ganz konkret

Maria Magdalena

Ein handlungsorientierter Unterrichtszyklus

Mit Kopiervorlagen

Gedruckt auf umweltbewusst gefertigtem, chlorfrei gebleichtem
und alterungsbeständigem Papier.

1. Auflage 2011
Nach den seit 2006 amtlich gültigen Regelungen der deutschen Rechtschreibung
© by Brigg Pädagogik Verlag GmbH, Augsburg
Alle Rechte vorbehalten.
Das Werk und seine Teile sind urheberrechtlich geschützt. Jede Nutzung in anderen als den
gesetzlich zugelassenen Fällen bedarf der vorherigen schriftlichen Einwilligung des Verlages.
Hinweis zu § 52a UrhG: Weder das Werk noch seine Teile dürfen ohne eine solche Einwilligung
eingescannt und in ein Netzwerk eingestellt werden. Dies gilt auch für Intranets von Schulen
und sonstigen Bildungseinrichtungen.
Illustrationen: Monika Mulzer

-715-5   www.brigg-paedagogik.de

Inhalt

Dazu dient dieses Buch 5

Christoph Riedel
Kapitel 1: Werteorientierte Religionspädagogik 7

1.1 Werteorientierung als Struktur im religionspädagogischen Prozess 8

1.2 Das Wertesystem der biblischen Maria aus Magdala 9

1.3 Werte als Grundlagen für die Persönlichkeitsentwicklung 12

Christoph Riedel
Kapitel 2: Maria Magdalena – Begegnung, Veränderung, Auferstehung 15

2.1 Begegnung: das Thema „Ansehen" und die Persönlichkeit Marias 18

2.2 Veränderung: das Thema „Wandel" und das Leben Marias 20

2.3 Auferstehung: das Thema „Sendung" und die Aufgabe Marias 21

Ingrid Walz/Christoph Riedel
Kapitel 3: Ein Unterrichtszyklus zu „Maria Magdalena" 25

3.1 Fördernde Begegnung mit der biblischen Gestalt Maria Magdalena –
Didaktische Einführung 25

3.2 Ich bin anders: Die Ausgangssituation von Maria Magdalena
(1. Doppelstunde) 31

3.3 Jesus sieht mich! – Bei Jesus bin ich angesehen!: Maria Magdalenas Wege
mit Jesus (2. Doppelstunde) 35

3.4 Durch Jesus bin ich wertvoll!: Der Einzug Jesu in Jerusalem
(3. Doppelstunde) 40

3.5 Ich frage Gott, warum?: Jesu Sterben am Kreuz (4. Doppelstunde) 45

3.6 Ich werde bedingungslos geliebt! Ich bin mutig!: Jesu Auferstehung
(5. Doppelstunde) 50

3.7 Ich bin gesandt. Ich bin ein Segen für die anderen: Die Sendung Maria
Magdalenas (6. Doppelstunde) 57

Ingrid Walz
Materialien, Kopiervorlagen ... 64

1 Materialkarten zu den sechs Doppelstunden ... 65

2 Sechs Erzählungen zum Unterricht ... 70

3 Arbeitsblätter, Bilder und Kopiervorlagen ... 87

4 Anleitung zum Maria-Magdalena-Heft ... 109

5 Registerkarten zu Grundlagen des Stundenzyklus ... 111

6 Erklärungen zu den liturgischen Farben im Kirchenjahr ... 116

Heimtraud L. Walz
Erzählen pur ... 117

Liednachweis ... 121

Dazu dient dieses Buch ...

Begeistern wollen wir Sie. Begeistern für eine biblische Frauengestalt: Maria Magdalena. Sie freilich macht es uns nicht leicht. Das beginnt schon damit, dass sie den Rahmen der biblischen Darstellung sprengt. Deshalb steht die Frage, wer Maria in den Evangelientexten genau ist, ganz am Anfang dieses Buches. Mit der Klärung der historischen Fragen steht eine Persönlichkeit mit einer spannenden Geschichte vor uns. Maria begegnet Jesus. Diese Begegnung ermutigt sie zur Veränderung ihres Lebens. Wir spüren den Wandlungen bis zur Begegnung mit dem auferstandenen Jesus nach. Genau in diesem Augenblick beginnt Marias Geschichte sich mit der Geschichte der Menschen zu verbinden. Sie spürt ihre Sendung.

Jeder Religionsunterricht lebt aus dem Sendungsgedanken. Verschiedene Sendungen begegnen im Unterrichtsprozess einander. Da ist die Sendung des Unterrichtenden, der das als wertvoll empfundene Glaubensgut jungen Menschen als Lebensgut nahebringen will. Doch auch die Schüler[1] haben ihre Sendung. Sie wurden getauft. Jetzt im schulischen Religionsunterricht beginnt sich das Erlebnis zu klären, wie Leben als Getauftsein, wie Menschsein als Christsein sich entwickeln könnte. Schon sind wir wieder bei Maria Magdalena. Ihr Lebensweg war keine glatte Laufbahn. Sie machte den Weg durchs Leben zu ihrem Lebensweg, als sie ihn als Aufgabe begreifen lernte. Leben als Aufgabe annehmen, sich der Lebensaufgabe stellen, den Sinn, der im Lebensaugenblick liegt, ergreifen – all das lässt sich in der Begegnung mit Maria, der Frau aus Magdala, lernen.

Begeistern wollen wir Sie. Anstiften dazu, sich mit ihren Schülern der Aufgabe zu stellen, Maria Magdalena zu begegnen. Dieses Buch stellt im **Kapitel 1** dazu Informationen und Anregungen zu der biblischen Gestalt auf verschiedenen Ebenen bereit. Es stellt bibelhistorisch die Fakten zu Maria zusammen. Psychologisch regt es zu einer Begegnung mit der so gewonnenen Gestalt an. Die theologische Perspektive erschließt die Auferstehungsgestalt dieser Frau. Die Kernaussagen des Menschenbildes der Logotherapie V. Frankls (1905–1997) wurden entwickelt. Die Unterrichtsinhalte und die pädagogische Grundeinstellung basieren auf der wertorientierten Sicht des Einzelnen, wie sie dort dargestellt wurde.

Kapitel 2 greift die religionspädagogischen Aspekte der Gestalt Marias auf. Dabei geht es uns vor allem um den Religionsunterricht in Förderschulen. Kinder ringen mit dem „Ansehen" in ihren Begegnungen. Wie sehen mich meine Eltern, meine Freundinnen, meine Lehrer an? Es scheint uns wichtig, Kinder mit Erfahrungsmodellen von Menschen in Berührung zu bringen, die um ihr Ansehen gerungen haben und schließlich sich selbst gut ansehen konnten. Oft ist dafür „Wandel" sinnvoll. Der Begriff „Lebenswandel" weist darauf hin, dass Leben sich verändert und wir uns in unserem Leben verändern. Kinder ändern sich. Das verändert auch ihr Ansehen. Maria aus Magdala erlebt solchen Wandel in der Begegnung mit Jesus, mit seinem Jüngerkreis und den Frauen darin, mit dem Verlust des Menschen, der ihr am wichtigsten war. Mit dem Lebenswandel verändern sich auch die Werte. Werte sind sinn-

---

1 Aus Gründen der leichteren Lesbarkeit haben wir auf geschlechtsdifferenzierte Formulierungen wie Schüler/-in, Lehrer/-in verzichtet.

volle Beweggründe zum Leben, schreibt U. Böschemeyer. Auferstehen und die Werte, von denen ich lebe, entdecken, ist ein wichtiges Ziel einer bewusst christlichen Lebensführung.

In den Stundenentwürfen in **Kapitel 3** werden die religionspädagogischen Anregungen aus Kapitel 2 in konkrete Unterrichtsprozesse umgesetzt. Der modulare Aufbau der einzelnen Themenfelder ermöglicht es, die Inhalte, didaktischen Ziele und Materialien der jeweils individuellen Arbeitslage und den pädagogischen Schwerpunkten der Unterrichtenden anzupassen. Damit tragen die Stundenentwürfe der sehr individualisierten Situation des Religionsunterrichtes an Förderschulen Rechnung. Der Ablauf der Stunden ist deswegen sehr ähnlich gehalten, damit sich die Schüler auf die Inhalte gut konzentrieren können. Dem dient auch die konsequente Visualierung des Lebensweges. So entsteht während der Einheit ein Wandbild und das Magdalena-Heft, das in jeder Stunde durch ein weiteres Bild von Maria Magdalena erweitert wird.

Alle Teile unseres Buches sind miteinander verwoben. Sie fördern auf unterschiedlichen Informationsebenen die pädagogische Handlungskompetenz zum Thema „Christliche Werte vermitteln – ganz konkret". Manche Leser „schmökern" vielleicht im informellen Teil. Andere bauen aus den konkreten Stundenkonzepten ihren eigenen Entwurf. Vielleicht lassen gerade Sie sich zur existenziellen Begegnung mit dieser spannenden Gestalt der Evangelien anregen? Wir hoffen, dass es uns gelingt, Sie in jedem Fall für diese Frau und ihren Lebenswandel zu begeistern!

Die Autoren

Christoph Riedel
Kapitel 1: Werteorientierte Religionspädagogik

Werteerziehung gehört zu den aktuellen Themen der Unterrichtsgestaltung. Vor allem der Religionsunterricht wird in die Pflicht genommen, Kindern und Jugendlichen die christlichen Werte zu vermitteln. Darin liegt eine Herausforderung. Denn Werte sind nicht wirklich lehrbar. Werte werden erfahren. Will Religionsunterricht Werte vermitteln, muss er zum Erfahrungsraum für Kinder und Jugendliche zusammen mit dem Unterrichtenden werden. Je wertschätzender das Unterrichtsgeschehen wird, umso intensiver erleben Schüler, wie kostbar Werte für ihr Leben sind. Denn Werte bereichern das Leben mit Sinn.

Das hier vorgelegte Unterrichtskonzept greift genau an dieser Stelle ein. Es geht vom „Willen zum Sinn" (V.E. Frankl) jedes Menschen aus. Mit dem Menschsein ist das Streben nach sinnvollem Leben mitgegeben. Wie sehr dieses Streben bewusst ist, hängt mit der Entwicklung des Menschen zusammen. Je reifer die Persönlichkeit wird, umso ausdrucksvoller repräsentiert sie ihr Wertesystem. Der Bezug zwischen dem Wertesystem und den Entscheidungsaufgaben der konkreten Lebenssituation spiegelt sich in der Sinnfähigkeit des Einzelnen wieder. Religionspädagogik, die die Herausforderung der Werteorientierung annimmt, will im Unterricht einen Lebensraum erschließen, in dem alle am Lernprozess Beteiligten ihre Sinnfähigkeit weiterentwickeln, erleben und auch schützen. Werteorientierter Religionsunterricht ist deshalb von der wertschätzenden Begegnung getragen. So ermöglichen sich Schüler und Lehrer gegenseitig Sinnerfahrungen.

Einen idealen didaktischen Kontext dafür liefern die biblischen Begegnungsgeschichten. Der vorliegende Unterrichtszyklus greift die Begegnung zwischen Maria, einer Frau aus Magdala, und Jesus auf. Dabei verbinden wir die Theorie der Werte und den Sinnbegriff der Logotherapie V. Frankls (1905 – 1997) mit dem christlich-theologischen Blick auf Maria aus Magdala. Daraus ergibt sich ein Unterrichtszyklus, der die Sinnerfahrung einer biblischen Gestalt für das Werterleben von Kindern und Jugendlichen fruchtbar macht.

Gerade durch die Ausrichtung des vorliegenden Konzeptes auf Kinder an Förderschulen wird deutlich, wie sehr der „Wille zum Sinn" die Persönlichkeitsentfaltung jedes Menschen motiviert. Die Unmittelbarkeit des Zugangs vor allem zu Erfahrungen ist eine Kernkompetenz von Kindern an Förderschulen. Die Neuropsychologie zeigt, dass damit die rechtslateralen (rechte Hemisphäre des menschlichen Hirns) Systeme ins Spiel kommen. Sie sind mit dem Selbst, der Persönlichkeit und mit der Verarbeitung von Werterleben und Wertebewusstein beschäftigt. Die begleitenden Hirnprozesse für die Werterfassung fungieren intuitiv.[1] Gerade aber die rechtshemisphärischen intuitiven Kompetenzen bilden eine noch viel zu wenig anerkannte Ressource für das Lernen. Erfahrungsorientierung, Erlebniszentrierung unterstützen die oft als schwierig empfundenen kognitiven Prozesse. Wertevermittlung nun kann diese rechtslateralen Fähigkeiten von Kindern bewusst fördern, wenn sie mit der wertschätzenden Erfahrung im Religionsunterricht verbunden wird. Es wirkt ja erstaunlich, wie intensiv gerade Kinder im Förderschulbereich sich auf Prozesse des Werterlebens einlassen können. Das Erarbeiten kognitiver Inhalte wird durch die Erfahrungsdeckung erleichtert.

Das vorliegende Konzept zu Maria Magdalena erweitert den Fundus für derartige Erfahrungen. An einer Gestalt des NT können *wert-volle* Erfahrungen gesammelt werden. Deshalb entfalten wir den „Sitz im Leben", den Maria durch ihren spannenden Entwicklungsweg anbietet, auf der Werteebene. Die Veränderungen Marias werden im Blick auf die Umschichtungen im Wertesystem dieser Frau herausgearbeitet. Die Kinder und Jugendlichen erleben im Unterricht damit einen Entwicklungsprozess, der sich aus einer Umstellung des Wertesystems nährt. Zudem beginnen sie Anfangserfahrungen mit der biblischen Umwelt zu sammeln. Letztlich werden sie dadurch an das Thema Tod und Auferstehung Jesu herangeführt.

---

1 Martens, J., J. Kuhl, (2009³), Die Kunst der Selbstmotivierung. Neue Erkenntnisse der Motivationsforschung. Stuttgart (Kohlhammer), S. 75–81

1.1 Werteorientierung als Struktur des religionspädagogischen Prozesses

Werte gehören zum Leben: Sie bilden den Horizont, auf dem der Einzelne für sich in einer konkreten Lebenslage Sinnmöglichkeiten entdeckt. Man kann es mit U. Böschemeyer auch so ausdrücken: „Werte sind Gründe für Sinn."[2] Insofern gehören Werte einerseits zum Erfahrungszusammenhang des (jungen) Menschen. Persönlichkeitsentwicklung ist eng mit der Entfaltung des Wertesystems verbunden. Das wissen wir aus den logotherapeutischen Analysen der personalen Dimension des Menschen, wie sie V.E. Frankl begründete.[3] Der Mensch lebt vorwiegend sinnorientiert und ist damit darauf angewiesen, sich immer wieder seines Wertsystems bewusst zu werden. Wer sich der Werte, von denen er lebt, bewusst ist, verfügt über einen Schatz, der Entscheidungen erleichtert, Einstellungen begründet und Entwicklungen freisetzt.

Das persönliche Wertesystem bildet sich in einem zweistrahligen Prozess aus. Es entwickelt sich dadurch ständig weiter. Entwicklung bedeutet dabei Erweiterung und Anpassung.
- Erweiterung: Die „Zuwendung zu Werten"[4] unterstützt die Erweiterung des Wertesystems.
- Anpassung: Die Anpassung des Wertesystems vollzieht sich im „Einverständnis mit dem situativen Appell" (ebd.).
- Ziel: Dadurch bildet sich ein geordnetes Wertemuster heraus, das immer wieder neu an Persönlichkeit und Leben angepasst wird.

Wie also entsteht das persönliche Wertesystem?
Werte übergreifen sowohl die Situation wie auch die Person. Sie gelten, wie Frankl[5] schreibt, „universell". Die Werte bilden also den Horizont, vor dem der Einzelne handelt, entscheidet, sich entwickelt. Werte stehen von vornherein in einer Beziehung zum Individuum. Der Einzelne wendet sich den Werten zu, die er für sich erfassen kann. „Sie bringen ihn in ein Naheverhältnis zu anderen Menschen, zu sich selbst und zu seiner Umwelt."[6]

Beispiel:
So lernt jedes Kind aus der Rückmeldung durch seine Mitwelt bestimmte Werte zu bevorzugen und andere nachzuordnen. Erlebt ein Kind, dass seine Eltern selbst sehr ehrlich zueinander und zu ihm sind, dann erhält in seinem eigenen Wertesystem die Ehrlichkeit eine hohe Priorität. Dasselbe Kind entdeckt, wie es schulisch durch seine Leistung überzeugen kann. Leistung wird mit der Zeit einen ähnlichen Rang wie die Ehrlichkeit einnehmen. Wird der Wert „Leistung" auch durch die Eltern unterstützt, wie etwa durch familiäre Leitbilder: „Zuerst die Arbeit, dann das Vergnügen", dann ordnet das Kind Erlebniswerte, wie sie das Spiel vermittelt, als zweitrangig ein. Mit der Zeit entdeckt der Heranwachsende, dass sich bestimmte Werte für ihn mehr bewähren als andere. Er verändert die Rangordnung und den Umfang seines Wertesystems.

Ergebnis: Persönliche Wertesysteme und der Wertehorizont
- **Wertesysteme** entstehen also durch die **Auswahl aus dem Wertangebot**. Die materiale Fülle an Werten und damit der Umfang des persönlichen Wertesystems hängen vom Gelingen dieses Prozesses ab. Ein reichhaltiges Angebot an Werten, aber auch die Förderung der Sensibilität dafür durch Erfahrungslernen, beeinflussen die Entstehung des individuellen Wertesystems nachhaltig.
- **Wertesysteme** bilden sich durch **Zuwendung des Einzelnen zu Werten**, die er im Wertehorizont vorfindet. Das Wertesystem wird durch die konkrete Sinnverwirklichung des Einzelnen umgesetzt. Wie lebendig ein Wertesystem sich auf das Leben eines Menschen auswirkt, hängt demnach von dessen Zuwendung zu seinen Werten ab. Problematisch erleben wir das, wenn die Werte passiv vorhanden sind – und sich als impliziter Maßstab in einem ständigen schlechten Gewissen auswir-

---
2 Böschemeyer, U. (2003): Worauf es ankommt. Werte als Wegweiser. München, Zürich (Piper)
3 Vgl.: Riedel, Chr., R. Deckart, A. Noyon (2008[2]): Existenzanalyse und Logotherapie. Handbuch für Studium und Praxis. Darmstadt (WBG/Primus), S. 75–89
4 Längle, A. (HG., 2000): Praxis der Personalen Existenzanalyse, Wien (Facultas), S. 9
5 Frankl, V. (1994[5]): Die Sinnfrage in der Psychotherapie. Wien, München (Piper), S. 60
6 Längle, A. (Hg., 2000), S. 9f.

ken. Je lebendiger sich jemand auf sein Wertesystem bezieht, um so weniger leidet er an schlechtem Gewissen. Denn er weiß immer, wozu er arbeitet, genießt, verzichtet und auch leidet.

Wirkung auf den Religionsunterricht
Der Religionsunterricht fungiert mit seinen biblischen, glaubensgeschichtlichen und ethischen Themen als Werteanbieter. Gleichzeitig bietet er den Raum für aktives Werterleben und Wertleben.
- Er fördert also die **Ausbildung von** und das **Leben mit** individuellen **Wertesystemen**.
Durch wertschätzende Pädagogik wird im Religionsunterricht die Sinnfähigkeit junger Menschen entwicklungsgerecht entfaltet. Diese Entwicklung der Sensibilität für Sinn ist ein wichtiges Potential bei der Anpassung des Wertesystems an das Leben und die Persönlichkeit des Menschen. Dabei geht es nicht in erster Linie um den Sinn des Ganzen, wie er theologisch als Heilsperspektive gesucht und vermittelt wird. Im Blick der Logotherapie V. Frankls steht der **momentane Sinn, der in der Lebenslage verschlüsselt**, ist.

Der logotherapeutische Sinnbegriff[7]:
- Der augenblickliche Sinn fungiert als ein **Appell** an den Menschen. Er ist einzigartig, wie jeder Mensch einzigartig ist. Sinn kann nicht auf andere Personen übertragen werden.
Er vertieft die jeweilige Situation auf das Motiv hin, das sie *lebens-wert* macht. Der Sinn ist einmalig; denn er ist an eine einmalige Lage gebunden. Er ist eine Möglichkeit genau einer Situation. Ändert sich die Lage, ändern sich auch die Sinnmöglichkeiten.

Beispiel:
Wenn das Kind, das Ehrlichkeit und Leistung in sein persönliches Wertesystem aufgenommen hat, vor der Frage steht: Soll ich eine bestimmte Leistung durch Spicken in der Probe oder Abschreiben der Hausaufgabe erbringen? Dann erschließt ihm die Lage mehrere Möglichkeiten. Zum einen enthält sie das starke, sinnvolle Motiv, einfach ehrlich zu bleiben. Sie bietet aber auch den bequemen Vorteil oder das Mehr an Freizeit an. Die Vorteile des Betruges treten angesichts des Sinns, die Ehrlichkeit gerade jetzt zu leben, in den Hintergrund. Verzichtet das Kind auf das Erschleichen der Leistung, kann es sich treu bleiben. Gleichzeitig gewinnt es die Möglichkeit, ernsthaft an seiner Leistungsfähigkeit zu arbeiten. Es verwirklicht mit dem Wert der Ehrlichkeit die sinnvollste Möglichkeit in der Lage. Zugleich lernt es, mit der Enttäuschung des geringeren Erfolges zu leben.

Werte und Wertschätzung in Verbindung mit dem **Sinn des Augenblicks** stellen eine **Grundstruktur des religionspädagogischen Prozesses** dar.
- Der RU ist ein **Werte anbietender** Unterricht. Die Themenfelder wie auch die Quellen, aus denen heraus gearbeitet wird, die biblische Botschaft und deren theologische Auslegung, haben innerlich mit Werten zu tun.
- Der RU ist ein **Werte vermittelnder** Unterricht. Dadurch, dass die Wertschätzung des Einzelnen als besondere Aufgabe wahrgenommen wird (Werterleben) und im Unterrichtsgeschehen Werte gelebt werden, können die Kinder und Jugendlichen Erfahrungen im Umgang mit Werten sammeln.
- Der RU ist ein **an Werten orientierter** Unterricht. Im Unterricht steht nicht allein das Erreichen bestimmter Lernziele im Fokus. Es geht immer auch um die Frage, welche Werte durch die Lernziele und den Erarbeitungsprozess erschlossen werden.

1.2 Das Wertesystem der biblischen Maria aus Magdala

Finden wir in den biblischen Texten Hinweise auf das **Wertesystem der Maria**, die aus Magdala stammte?

Die Frau aus Magdala:
In Lk 8,2 wird Maria als eine Frau aus Magdala beschrieben, die von sieben Dämonen geplagt ist. Die sieben Dämonen werden noch einmal in Mk 16,9 erwähnt. Für Lukas gehörte Maria zu einer Gruppe von Frauen, die durch Jesus von „üblen Geistern und Krankheiten" geheilt wurden. Außerdem fällt

---
7 Riedel, Chr., R. Deckart, A. Noyon (2008[2]), S. 86 f.

auf: Maria wird durch ihre lokale Herkunft aus Magdala, einem größeren Fischereihafen unweit von Nazareth, definiert. Es finden sich keinerlei Hinweise auf die Familie oder auf einen nahestehenden Mann. Sie lebte wahrscheinlich alleine, d.h. ohne familiäre oder eheliche Bindung. Sie verfügte wohl über eigenen Besitz, den sie zusammen mit den anderen in Lk 8,3 benannten Frauen dem Jüngerkreis um Jesus zur Verfügung stellte. Das ist die Geschichte, die Maria in die Begegnung mit Jesus einbringt.

Was könnten die zentralen Werte, die **Leitwerte Marias** gewesen sein?

Die Lage Marias

Stellen Sie sich eine Frau in einem israelischen Hafenort, einer durch harte Arbeit geprägten Männerwelt, vor. Sie empfindet sich als dämonisch getrieben. Sie spürt, dass sie viel zu selten „Herrin" im eigenen Lebenshaus ist. Sie erlebt Kräfte, über die sie kaum Kontrolle ausüben kann. Diese dämonischen Kräfte blockieren ihre Werte. Das bedeutet: Sie findet sich immer wieder in schwierigen, dämonischen Lebens- und Stimmungslagen wieder, mit deren Folgen sie leben muss. Dadurch ist sie isoliert, allein. Niemand tritt für ihr Recht ein. Sie lebt ungeschützt. Es gab wohl keinen Mann, auf den sie sich verlassen konnte. Maria kann – psychologisch gesehen – ihr Leben und ihre Persönlichkeit nur schwer steuern.

Die Bedürfnisse Marias

Aus dieser Lebenssituation sind eine Reihe leicht nachvollziehbarer Bedürfnisse abzuleiten. Maria sehnte sich vielleicht nach Geborgenheit in einer Ehe, in einer Familie. Sie wünschte sich endlich Sicherheit und Ruhe, die Befreiung von den dämonischen Kräften. Wie gerne hätte sie selbst entschieden, was sie tut und wie sie lebt.

Die leitenden Werte Marias

Die Bedürfnisse Marias weisen auf die Werte hin, die sie möglicherweise leiteten: **Selbstverantwortlichkeit und Gemeinschaft**.

- Selbstverantwortlichkeit ist ein produktiver Wert. Er besteht in der Leistung, sich im Vertrauen auf die intuitiven, der Förderung des Lebens zugewandten Kräfte, sinnvoll zu entscheiden. Verantwortung motiviert dazu, etwas zu schaffen, zu bewirken. Sie fördert die Aktivität. Deshalb gehört die Selbstverantwortlichkeit in die Gruppe der in der Logotherapie sogenannten **Leistungswerte**.
- Gemeinschaft wird erlebt und gewährt. Deshalb spricht die Logotherapie hier von einem **Erlebniswert**. Gemeinschaft beruht auf einer freiwilligen Bindung verschiedener Menschen aneinander. Sie ermöglichen sich auf diesem Weg Vertrautheit, Geborgenheit, Genuss der Nähe, Partnerschaft – und Liebe.
- Gelingt es Maria Selbstverantwortlichkeit und Gemeinschaft miteinander zu verbinden, dann entwickelt sie sich vom dämonisch bedrohlichen zu einem **liebenswerten Menschen**.

Zustandsbild und Wertbild

Maria traute sich aufgrund der dämonischen Kräfte ein Leben in Selbstverantwortlichkeit und Gemeinschaft nicht mehr zu. Ihr **Zustandsbild** war alles andere als liebenswert. Vielleicht war es diese Bedrohlichkeit, vielleicht auch der Besitz, an dem sie ihr Leben festmachen konnte. Eines kann als sicher gelten. Sie fand nicht aus der Verstrickung von ihrem Verhalten und den Vorurteilen anderer Bewohner von Magdala heraus. Dennoch: Es findet sich in jedem Menschen sein **Wertbild**, das oft nur im liebenden Blick eines anderen Menschen bewusst wird. So bedarf es der ermutigenden Wertschätzung durch einen anderen Menschen, damit das Wertbild seine Entwicklungskraft entfalten kann. Das ist für den Religionsunterricht sehr wichtig. Wie kann Gott, Jesus, können Wertgestalten wie Maria Magdalena, Petrus u.a. so erlebbar gemacht werden, dass sie begeistern? In der Begeisterung wird das Wertbild des Menschen angeregt, sich in seiner Entwicklungsdynamik für das Zustandsbild zu zeigen. In der Logotherapie nennt man die Entwicklungsdynamik die „Noodynamik", d.h. eine Grundspannung zwischen dem Zustands- und dem Wertbild.

- Das **Zustandsbild** ist die konkrete Daseinsverfassung eines Menschen. Seine biologische Konstitution, seine psychische Disposition, die prägenden sozialen Erfahrungen, also kurz: die bisherige Biografie sind darin zusammengefasst.

- Das **Wertbild** lässt seine Möglichkeiten ahnen. Es spielt zu, wozu jemand werden kann, wenn er sich von Werten berühren und von Sinn begeistern lässt. Das Wertbild umfasst also die personalen Möglichkeiten eines Menschen, die ihm seinen Lebenswert, Selbstwert und darin seine Würde verleihen, wenn er sich zu ihnen entscheidet.

In werteorientierter Sicht erschließt die Begegnung zwischen Jesus und Maria aus Magdala deren Wertbild. Maria ahnt es in der Begegnung mit Jesus. Sie nimmt Beziehung auf mit der Frau, die sie sein könnte, wenn sie sich gegen die sieben Dämonen zu wehren vermag. Sie spürt, dass es der liebende Blick von Jesus ist, der sie damit in Berührung bringt. Jesus sieht Maria als Person an. Mit diesem „Ansehen" verändert sich Marias Wertesystem. Allmählich erlebt sie sich als liebenswert. Denn auf verschiedenen Ebenen geraten **Werte in Bewegung**:
- Der Wert des eigenen Vermögens wandelt sich vom Besitz zur Gabe.
- Die dämonische Einsamkeit wandelt sich zur Sendung in der Gemeinschaft.
- Aus dem Kontrollverlust befreit sie sich zur Autonomie der Hingabe.

Die Wirkung des Wertbildes auf Maria

In der dichten Begegnung mit Jesus übernimmt Maria die Steuerung ihrer Persönlichkeit und ihres Lebens. Das gelingt ihr auch deshalb, weil sie jetzt auf tragende Werte zugreifen lernt. Werte dienen der Orientierung im Leben und in der Entwicklung der Persönlichkeit. Sie erschließen Maria ihre Sensibilität für den Sinn des Lebensaugenblicks. Damit öffnet Maria ihre Blockade und öffnet sich für das ganze System der Werte, die für sie lebenstragend sind.
- Sie kann sich dienend in die Jüngergemeinschaft einbringen.
- Sie vertraut sich Jesus und seinen Jüngern an.
- Ihre Einsamkeit und Isolation ist damit aufgebrochen. Dies verdeutlicht sich vor allem in der Art ihres Dienstes an Jesus.

Beispiel:
In Lk 8,3 findet sich der Hinweis auf das Vermögen der Frauen um Jesus, zu denen Maria aus Magdala an erster Stelle gehört. „Sie unterstützten ihn mit ihrem Vermögen." Was vordergründig zunächst ökonomisch und materiell klingt, erschließt sich auf der Werteebene als Zeichen für die Fähigkeiten und Fertigkeiten, die Lebenskompetenz des Menschen.
- *Vermögen ist das, was einer besitzt und womit er wirkt. Das ist die materielle Seite des Vermögens.*
- *Vermögen ist aber auch das, was jemand vermag, was er kann, wozu er imstande ist. Es kann der Inbegriff der persönlichen Kompetenzen sein. Maria gewann in ihrer Befreiung durch Jesus die Leidensfähigkeit als Lebenskompetenz hinzu. Sie begann von den Folgen ihrer dämonischen Verletztheit zu heilen. Die Dämonen verloren ihre Macht auch deshalb, weil sie zur Vergangenheit Marias wurden. So gewinnt sie ihre Lebenskompetenz, ihr Vermögen, das sie in den Dienst Jesu stellt.*
- *Die Befreiung von den Dämonen erlebte Maria also nicht nur als die „Freiheit von". Sie erlebte darin auch die „Freiheit zu". Sie begann ihrer Freiheit eine neue Richtung zu geben. Freiheit richtet sich, wenn sie verantwortete Freiheit ist, auf den Horizont der Werte aus.*

Nachdem Maria also Leben als ein „frei sein zu" zurückgewonnen hat, kann sie auf das Leid des Steuerungsverlustes versöhnlich zurückblicken. Sie entwickelt Dankbarkeit dafür, dass sie das Heil zurückgewann, in dem sie geheilt wurde. Sie drückt diese Dankbarkeit im Dienst und in der Nachfolge aus. In der Sprache des AT heißt das: Sie wird zum Segen für die Jüngergruppe.
Anselm Grün schreibt dazu: *„Unsere Aufgabe ist es, füreinander zum Segen zu werden. Jeder wird diese Aufgabe auf seine persönliche Weise erfüllen. ... Manche werden zum Segen allein durch ihr Dasein, durch ihre persönliche Ausstrahlung."* [8]

---

[8] Grün, A. (2005): Quellen innerer Kraft. Erschöpfung vermeiden. Positive Energien nützen. Freiburg, Basel, Wien (Herder), S. 155 f.

Maria als Segen für die Jüngerschaft

Logotherapeutisch gesehen, beruht der theologische Begriff „Segen" auf einer personalen Kompetenz: der Fähigkeit zur Selbsttranszendierung (Selbstüberschreitung). Weil sich ein Mensch als wertvoll annehmen kann in dem, was er selbst gestaltet, und in dem, was ihm gewährt wurde, geht er über sich, sein Selbst hinaus – auf das Leben zu. Er entdeckt das, was ihm *auf-gegeben* ist, worin er sich als *sinn-voll* erlebt. Maria geht folgerichtig mit Jesus und den Jüngern mit. Dies verdeutlichen vor allem die Leidens- und Ostertexte der vier Evangelien. Maria von Magdala begleitet das Leiden und Sterben Jesu als erstgenannte unter anderen Frauen. Maria war sich den belastenden Weg an der Seite Jesu bis zu seinem Tod und seiner Grablegung wert. Sie wollte Jesus salben, worin sich ausdrückt, was ihr Jesus wert war. Sie wird deshalb Auferstehungszeugin.

Beispiel:
Ein weiterer Hinweis auf Marias verändertes Werterleben ist die **Befreiung von den sieben Dämonen.** *Dämonisches ist mit hoher Energie verbunden. Es nährt sich nicht allein aus der schieren Lebenskraft des Menschen. Dämonen verweisen auf das Chaos und seine Kräfte. „Dämonisches" verweist darauf, dass einem Menschen die Selbststeuerung seiner Persönlichkeit nicht gelingt. Eine Befreiung von den Dämonen kann aus logotherapeutischer Sicht auch die (Neu-)Orientierung dieser unkontrollierten Kräfte sein. Die chaotischen Energien erhalten im Bezug auf das Wertesystem eines Menschen eine Ordnung. Sie können nun zielgerichtet und sinnvoll eingesetzt werden. Spricht nicht die Energie, mit der Maria die Grablegung und die Salbung Jesu betreibt, von einer solchen Neuorientierung der alten Dämonen? Deutet sich hierin nicht die „Trotzmacht des Geistes" (V. Frankl) an, mit der Maria aller Angst und dem ungläubigen Staunen der Jünger über die Auferstehungsnachricht entgegentritt? Maria gewinnt mit der neuen Bewertung ihrer Energie einen Zugang zum Leben, der für jeden Menschen wichtig ist. Sie findet die Kraft, Widersprüche auszuhalten.*

Das Aushalten der Widersprüche

Maria aus Magdala begegnet in Jesus einem Menschen, der ihr nicht ausweicht. Jesus hält Maria aus, samt ihrer sieben Dämonen. Er lässt sich auf sie so ein, dass Maria ihre Dämonen loslassen kann. Mit den Dämonen verzichtet Maria auch auf das, was ihr die Dämonen ersparten, wohinter sie sich zurückziehen konnte. Sie gibt die bedrohliche Wirkung, die von ihr ausging, auf. Sie erarbeitet sich damit aber auch die Möglichkeit, ihre Lebensenergie selbsttranszendent einzusetzen – für den Jüngerkreis und für Jesus. Jesus lebte, was Maria nur schlecht leben kann: Er lebte mit den Widersprüchen, wie sie zum Leben gehören. Maria lernte, wie trotz solcher Widersprüche Leben gelingt. Damit entwickelte sie ihre Person. Sie lebte ihr Wertbild immer deutlicher. Sie wandelte sich zur bedeutendsten Jüngerin Jesu, deren Namen alle Listen der Frauen, die Jesus nachfolgten, anführt. Sie qualifizierte sich damit auch zur ersten Auferstehungszeugin. Sie war fähig, allein im Klang ihres Namens Jesus als Lebenden zu entdecken und ihm zu begegnen.

1.3 Werte als Grundlagen für die Persönlichkeitsentwicklung

Religionsunterricht erhebt immer auch einen entwicklungspädagogischen Anspruch. Mit Maria Magdalena wird **Entwicklung zum Thema des Unterrichtsgeschehens.** Das NT stellt in dieser Frau eine Entwicklungsgestalt in der Nähe Jesu vor. Dies wird an den „Wendungen" der Frau aus Magdala deutlich. Maria lässt sich auf **zwei Wendungen** im Leben ein, die beide mit unmittelbaren Jesusbegegnungen zusammenhängen.

- Sie wendet sich von der dämonischen Lebensführung ab. Die **Freiheit von** den Dämonen wird für Magdalena zur **Freiheit zur** Veränderung. Jene umfasst ihre gesamte Lebensgestaltung. Sie vertraut sich einer Gemeinschaft an, der Jüngergruppe um Jesus. In der Gruppe übernimmt sie Aufgaben, aus denen ihre orientierende Funktion für den Jüngerkreis entsteht. Die Wichtigkeit Marias wird allein dadurch belegt, dass sie vierzehnmal in den Evangelientexten genannt wird. Darüber hinaus führt sie alle Frauenlisten im Text als Erstgenannte an.
- Nach dem Tod Jesu begegnet Maria Joh 20,13–17 zufolge dem auferstandenen Jesus im Gra-

besgarten. Der Text verwendet das **Wort „umwenden"** gleich zweimal. Bei der ersten Wendung sieht sie einen Mann, den sie noch nicht als Jesus erkennt. Die zweite Wendung erschließt ihr, wer der Mann ist: Es ist Jesus, der Rabbuni, der Lebensmeister. Die Wendung der Maria wird durch die Doppelung des Vorgangs unterstrichen. Als sie Jesus als Auferstandenen erkennt, hat sie sich ihm endgültig zugewandt. Damit verändert sich ihre Aufgabe im Jüngerkreis zum Auftrag. Maria wird von Jesus zu den Jüngern gesandt, um ihnen zu verkünden, dass sie Jesus sah. (Joh 20,18).

Die kopernikanische Wendung Marias

Maria von Magdala ist also eine bewegte und bewegende Gestalt. Sie greift die Veränderungsaufgaben auf, die ihr das Leben stellt. Die Begegnung mit Jesus und ihr Anschluss an seine Jünger vermitteln ihr die Möglichkeit, ihre Energie nun für konstruktive Lebensprojekte einzusetzen. Maria vollzieht eine **grundlegende Veränderung ihrer Einstellung**.

- Sie gibt die **Anspruchshaltung** gegenüber dem Leben auf. Damit nimmt sie gleichzeitig fremden Kräften die Macht. Sie wird unabhängig von den Schwächen der anderen.
- Maria sieht ein: Nicht sie ist es, die dem Leben ihre Ansprüche entgegenhält. Das Leben bietet ihr Aufgaben an. Es fordert sie zur Aktivität, zur Entscheidung, zur Hingabe auf. Wenn Maria darauf eingeht, **Verantwortung für ihr persönliches Leben** übernimmt, dann gewinnt sie die Steuerung ihres Lebens zurück.
- Maria lernt also, sich der **Sinnfrage** zu stellen. Welcher Sinn wartet in der Lebenslage genau auf mich? Wie kann ich diesen Sinn verwirklichen?

Frankl nannte die Veränderung der Haltung gegenüber dem Leben die „kopernikanische Wendung in der Sinnfrage".[9] Das Leben regt den Menschen durch seine Aufgaben zur Verantwortung an. Er lernt nach der sinnvollsten Aufgabe zu fragen und gewinnt über den Sinn die Motivation, d.h. die konstruktive Energie, seine Aufgabe auch zu erfüllen. Damit aber übernimmt der Einzelne die Steuerung in seinem Leben und entzieht es ich-fremden und selbst-entfremdenden Zugriffen. Die „kopernikanische Wendung" verleiht der Entwicklung des Menschen das Ziel der Autonomie, der Selbstgestaltung. Wieder ergibt sich die Beziehung zum Religionsunterricht. Will nicht die Gottesbegegnung, die Erfahrung von Glaubensgemeinschaft, das Erleben individueller Gläubigkeit jungen Menschen eine Grundorientierung auf ihrem Reifungsweg sein?

Maria als Entwicklungsgestalt

Gerade auch deshalb bietet sich Maria Magdalena als Entwicklungsgestalt innerhalb des Religionsunterrichts an. Eine Frau, die fremdbeherrscht lebte, die als dämonisch, als chaotisch und bedrohlich empfunden wurde, wandelt sich zur Segensgestalt für den Jüngerkreis. Die formalen Hinweise im Text (Häufigkeit der Namensnennung, Anführen der Frauenlisten, durchgehende Präsenz in der Leidensgeschichte, zentrale Funktion in der Ostergeschichte) verweisen darauf, dass Maria unter den Anhängern Jesu viel bewegt hat. Sie gewann Bedeutung. Sie wurde zum Segen für die Jünger Jesu. In Entsprechung zur Jahweverheißung an Abraham, der von Jahwe gesegnet zum Segen werden sollte, wurde Maria zum Segen. Das drückt sich in der österlichen Sendung durch Jesus besonders deutlich aus. Deshalb können die Auseinandersetzung und die Begegnung mit ihr bewegend werden.

Damit aber ist eine wesentliche **Wirkung der Werte** angesprochen. Werte bewegen. Sie sind Beweggründe, sich mit dem Leben auseinanderzusetzen, das Leben in Bewegung zu bringen. Frankl beschreibt in seiner Logotherapie die durch Werte ausgelöste Bewegung: es ist die Anziehung. **Werte ziehen Menschen an.** Sie wirken attraktiv. Damit stehen sie in einem gewissen Gegensatz zu den Trieben. Die Triebe treiben den Menschen. Sie entfalten ihre Energie gewissermaßen im Rücken der Menschen. Dadurch erschweren sie dem Menschen seine Selbststeuerung.

Wer Werte vor sich sieht, der blickt auf die Grundorientierung für die **Suche nach Lebens- und Entwicklungszielen**. Nur wertvolle Ziele motivieren. Sich abschwächende oder verlorene Motiva-

---

9 Frankl, V. (1997[4]), Ärztliche Seelsorge. Grundlagen der Logotherapie und Existenzanalyse. Frankfurt (Fischer), S. 96

tion kann zurückgewonnen werden, wenn die Werte, die mit den Zielen verbunden waren, wieder erlebbar werden. Denn dann werden die Beweggründe wieder klar, die zur Entscheidung für ein bestimmtes Ziel anregten. So kehrt die Energie zur Verwirklichung oder zur Veränderung der Ziele zurück. Es lohnt sich, auf den Wert, der den Menschen anspricht, zuzugehen.

Beispiel:
Blicken wir auf der Grundlage dieser Einsichten noch einmal auf Maria von Magdala, wie sie in der Leidensgeschichte und an Ostern dargestellt ist:
Für Maria hatte sich in der ersten Jesusbegegnung der Wertezusammenhang verändert. Sie nährte sich in den Jahren der Nachfolge von diesen neuen Werten: Gemeinschaft, Vertrauen, Liebe. Der Tod Jesu, dessen namentlich genannte Augenzeugin Maria war (Mk 15,40; Mt 27,56; Joh 9,25), stellte einen gewaltigen Verlust für sie dar. Ein wesentlicher Wert bricht mit dem Tod Jesu für Maria weg. Jesus gehört auf einmal zu ihrer Vergangenheit. Es stellt sich die Frage, was ihr bleibt? Indem Maria wieder als erste unter den anderen Frauen sich um eine angemessene Grablegung kümmert, gelingt es ihr, mitten in der Trauer sich einem Wert zu öffnen. Wenn Jesus für sie und die Jünger so bedeutsam war, dann bedarf es der Sorge um das Grab (Mk 15,47–16,1; Mt 7,61–28,1; Joh 20,1). Der Wertehorizont also ist die Bedeutung Jesu für Maria und die anderen Frauen. Das Ziel ist es, eine würdige Erinnerung an Jesus zu schaffen. Das lässt Maria mit anderen Frauen am dritten Tag nach dem Tod zu Jesu Grab aufbrechen. Das wertvolle Ziel, nach dem Grab zu sehen und die Balsamierung Jesu abzuschließen, setzt Maria in Bewegung. Ihr Erleben des auferstandenen Jesus heilt ihre Trauer.

Zusammenfassung:
Werte sind Motivatoren für den Menschen. Insofern gehören Werte zur entwicklungspädagogischen Dimension des Religionsunterrichts.[10] Die **Entwicklungswirkung der Werte** kann an der biblischen Gestalt der Maria von Magdala konkretisiert werden. Die Lebenswendungen der Maria lassen sich auf die jeweiligen Werte hin befragen, die sie ausgelöst haben. Erste Hinweise dazu fanden sich im Abschnitt (1.2) dieses Kapitels, in dem wir dem Wertsystem der Maria nachgingen. Das zweite Kapitel geht drei lebensthematischen Erschließungssituationen nach, in denen die Entwicklungsdynamik von Werten im Leben Marias analysiert wird. Davon ausgehend können Schüler sich im Religionsunterricht auf die Situationen Marias einlassen. Im Unterrichtsgespräch, im Bibliodrama, in dem Maria und Jesus einander begegnen, oder auch im Nachstellen der Begegnungen mit Egli- oder Seelenfiguren erleben die Schüler die Werte, die Maria zu ihren Wendungen bewegten. Je aktiver der Prozess gestaltet wird, umso eher berühren die Schüler eigene Beweggründe ihres Lebens.
- Sie erleben, wie **wertschätzend Begegnungen** sein können.
- Sie spüren, welche **Werte ihnen wichtig** sind.
- Was **Werte anregen** können, kommt ihnen ganz nahe.

Das wirft **lebenswichtige Fragen** auf:
- Was macht meine Energie immer wieder mit mir?
- Wem bin ich viel wert?
- Wer wertet mich ab? Wer schätzt mich?
- Was an meinem Leben empfinde ich als wertvoll?
- Wie fühlt sich an, was für mich wertvoll ist?

Die Schüler werden ziemlich rasch erleben, dass die Begegnung mit ihren eigenen Werten auf sie wirkt und sich im Leben auswirkt. Die Begegnung mit Werten ist heilsam. Über die Wertebegegnung, wie sie sich aus dem Einfühlen und Nachempfinden der Lage der Maria aus Magdala ergibt, gewinnen Einzelne in der Gruppe mehr Selbstvertrauen und ein verändertes Zutrauen zum Leben und den Aufgaben, die sich vom Leben her stellen. Vielleicht öffnet sich ein bisher verschlossenes Kind. Vielleicht wagt ein eher schüchterner Schüler in diesem Themenzusammenhang Unterrichtsbeiträge. Schwierige Kinder fassen Mut, dass sich auch bei ihnen etwas ändern kann. Die dämonische Maria schaffte es ja auch, als sie sich ihren Werten stellte, eine andere zu werden.

---
10 Kurz, W. (1991), Suche nach Sinn. Seelsorgerliche, logotherapeutische, pädagogische Perspektiven. Würzburg (Stephansbuchhandlung), S. 238–245

Christoph Riedel
Kapitel 2: Maria Magdalena – Begegnung, Veränderung, Auferstehung

Maria aus Magdala ist eine in den **Evangelientexten historisch** greifbare Gestalt. Wir begegnen ihr in **allen vier Evangelien**. Dort findet sie sich vor allem in den Berichten vom **Leiden und der Auferstehung Jesu**. In der Regel wird sie zusammen mit mehreren anderen Frauen aus dem Jüngerkreis genannt, die das Sterben Jesu „aus der Nähe" miterlebten. Während **Lukas** pauschal die Frauen aus Galiläa (23,49) erwähnt, rückt **Johannes** Maria in den Brennpunkt des Ostergeschehens. Im Bericht vom Sterben Jesu nennt er Maria aus Magdala neben Maria, der Mutter Jesu, und deren Schwester (19,25). Am Ostermorgen sehen wir nach Joh 20,1 ff. Maria alleine zum Grab Jesu gehen. Sie holt die beiden Jünger Petrus und Johannes, die sich angesichts des leeren Grabes wieder zurückziehen. Maria, die alleine am Grab zurückbleibt, **begegnet als Erste des gesamten Jüngerkreises dem Auferstandenen**.

Die offensichtliche Bedeutung Marias veranlasste eine reichhaltige **Legendenbildung** um die Frau. Für die einen ist sie vor allem die **bekehrte Sünderin**. Die Legenden berichten von einer Flucht nach Südfrankreich, nachdem Jesus gestorben war. Andere Texte schildern Maria als eine **wundertätige Missionarin** oder als die **Leiterin einer Mysterienschule** im Jordanland. Die Darstellung Marias als behaarte **Büßerin** geht auf die Gestalt der „Maria aegyptica" zurück. Jene war eine Prostituierte, die einen Schlussstrich unter ihr Leben zog und als Büßerin in der Wüste lebte.

Geschichtlich gesehen gehen die meisten **theologischen Deutungsversuche** der Persönlichkeit, die sich hinter der Maria aus Magdala verbirgt, auf Papst Gregor I. (590–604 n. Chr.) zurück. In einem Trostbrief an eine Kammerfrau der Kaiserin verschmolz er vier biblische Frauengestalten zu der Gestalt der „Großen Sünderin" (magna peccatrix)[11]:
- die **Frau aus Bethanien**, eine ortsbekannte Prostituierte, die Jesus die Füße salbte und der Jesus alle Sünden vergab (Lk 7,47)
- **Maria, die Schwester der Marta,** die hingabevolle Zuhörerin Jesu (Lk 10,38–42)
- die **Frau, die Jesus mit kostbarem Öl** als Hinweis auf sein Begräbnis salbt (Mk 14,3–9)
- **Maria aus Magdala**, die galiläische Jüngerin Jesu aus der Aufzählung des Lukas-Evangeliums (Lk 8,3), die auch zu den Beobachterinnen des Sterbens Jesu zählt (Mk 15,40 f.)

> Der bibelhistorische Befund ergibt dazu Folgendes:
> - Maria stammte aus **Magdala in Galiläa**. Magdala war eine größere Fischerstadt im Norden Israels am See Genezareth, unweit von Nazaret gelegen.
> - Wahrscheinlich lebte sie **ohne aktuelle familiäre Bindungen**. Darauf verweist ihr Namenszusatz „aus Magdala". Sie wird durch den Herkunftsort, nicht wie üblich durch den Namen der Herkunftsfamilie näher bezeichnet.
> - Sie war **nicht mittellos**, wie der Hinweis auf die vermögenden Frauen des Sammelberichtes in Lk 8 zeigt.
> - Sie gehörte recht früh dem Jüngerkreis um Jesus an.
> - Sie führte davor ein **schwer belastetes Leben** (sieben Dämonen). Jesus befreite sie von ihrer schweren Lebenslast und gab ihr ein Zuhause im Jüngerkreis.
> - Sie gehörte zu den Frauen, die unmittelbare Zeuginnen von Jesu Sterben waren.
> - Maria war die **erste Auferstehungszeugin**.

---

11 Heiligenthal, R., A. v. Dobbeler (2001): Menschen um Jesus. Lebensbilder aus neutestamentlicher Zeit. Darmstadt (Wiss. Buchgesellschaft), S. 123
Haag, H. (Hg.; 1968²): Bibellexikon. Einsiedeln, Zürich, Köln (Benziger), S. 1098 f.
Grün, A. (2002): 50 Helfer in der Not. Die Heiligen für das Leben entdecken. Freiburg, Basel, Wien (Herder), S. 124

- Alle Frauenlisten in den Evangelien (bis auf Joh 19,25) stellen **Maria an die erste Stelle**. Das weist auf ihre führende Bedeutung im Jüngerkreis hin.
- Öfter als die anderen Frauen ist sie **vierzehnmal in den Evangelien namentlich** erwähnt.

Im Vordergrund steht also nicht die „Sünderin" Magdalena. In den Evangelien erscheint Maria als eine Persönlichkeit, die durch ihre spannende Entwicklung von der wahrscheinlich alleinstehenden Frau zu einer zentralen Gestalt im Jüngerkreis gekennzeichnet ist. Um die Persönlichkeitsentwicklung zu verdeutlichen, lassen sich **drei Lebensphasen** aus der biblisch dokumentierten Biografie Marias erarbeiten:

(1) Phase: Leben ohne Familie – Befangenheit im Problemkreis des Ansehens
(2) Phase: Hinwendung zu Jesus und dem Jüngerkreis – Wandlung zur Selbstannahme
(3) Phase: Einlassen auf den Tod Jesu und das neue Leben – Sendungsbereitschaft

Werteorientierte Entwicklung
Aus logotherapeutischer Sicht bietet es sich an, die drei Phasen mit den **drei Entwicklungsbildern** zu verbinden: dem **Herkunfts**bild (Phase 1), dem **Zustands**bild (Phase 2), dem **Zukunfts**bild (Phase 3). Aus personaler Sicht bildet den Zusammenhang der drei Bilder das Wertbild eines Menschen. Jenes gründet in seinem personalen Kern, der „Mitte menschlichen Seins"[12]. Jene Mitte ist „in der Tiefe (die Tiefenperson) unbewusst"[ebd.]. Psychologisch formuliert: Die Persönlichkeitsentwicklung ist durch den personalen Kern intuitiv und ständig angeregt. Die Logotherapie spricht von der Dynamik der Person (Noodynamik) oder der Lebensgrundspannung. So bildet sich nämlich das Wertesystem heraus, das den Menschen zur Lebensgestaltung angesichts bestimmter Lebensaufgaben motiviert. Die Ereignisse allein bewegen nicht wirklich zur Gestaltung. Das Eingehen darauf vollzieht sich weitestgehend als Reaktion. Reaktionen führen, wie J. Kuhl zeigte, den Menschen immer mehr in eine Opferhaltung hinein. Er unterscheidet drei Formen dieser Haltung[13], die sich auch bei jungen Menschen bereits beobachten lassen:
- die **Zögerer**, die aufgrund ihrer erlernten Willenshemmung das Leben als Verschiebebahnhof betreiben (Kennsatz: „Was ich heute könnt' besorgen, verschiebe ich getrost auf morgen.")
- die **Unbestimmten**, die unverbindlich bleiben und sich auf nichts festlegen lassen (Kennwörter: vielleicht, unter Umständen, möglicherweise, „Ich weiß nicht ...")
- die **Aufgeber**, die aufgrund der Selbsthemmung bei der ersten sich andeutenden Schwierigkeit ausweichen (Kennzeichen: irritierender Einbruch der Energie oder Null-Bock-Haltung)

Der blockierte Zugriff auf das eigene Wertbild begründet also die Passivität des Menschen. Ohne den Bezug zu einem Wert oder Wertezusammenhang gelingt es auf Dauer nicht, auf die Herausforderungen des Lebens motiviert und gestaltend einzugehen. Menschen, die ihr Leben nicht gestalten, hören auch auf, die eigene Persönlichkeit zu gestalten. Deren Entwicklung friert auf einem bestimmten Niveau ein. Erst die entschiedene, werteorientierte Stellungnahme zu den Ereignissen bringt die Gestaltungskräfte des Menschen in Gang.

Maria aus Magdala hatte wohl – trotz der sieben Dämonen – den Zugang zu ihrem Wertbild nicht verloren. Sie blieb ein **entwicklungsbereiter Mensch**. Oft ist, um die Entwicklung wieder anzuregen oder sie einfach in Gang zu halten, die Begegnung mit anderen notwendig. Die Entwicklungspsychologie zeigt, wie die Begegnung bereits im vorgeburtlichen Leben das neuronale Wachstum fördert. Das Zentralnervensystem und das Gehirn sind auf Beziehung zur Um- und zur menschlichen Mitwelt angewiesen.[14] In der Liebe gelangt dies zur Vollendung. Denn wer liebt, der erfasst die Person des geliebten Menschen. Er sieht ihn nicht nur in seiner Herkunft und seinem Zustand. Er lebt auch die Träume des anderen Menschen mit. In den Träumen aber bildet sich die Zukunft des Menschen ab.

---
12 Frankl, V. (1988): Der unbewusste Gott. Psychotherapie und Religion. München (Kösel), S. 24
13 Martens, Kuhl, 2009³, S. 49 f.
14 Hüther, G., I. Kerns (2008): Das Geheimnis der ersten neuen Monate. Weinheim, Basel (Beltz), S. 51 ff., S. 62 ff.

Sie zeigen dem Einzelnen, wie er sein kann. Wer liebt, begegnet dem Wertbild des anderen. Deshalb ist Liebe mehr als ein emotional-affektiver Zustand. Liebe ist die ganzheitliche Begegnung von Menschen, in der sich das Wertbild der Liebenden darstellt. In der Liebe begegnen wir also auch den Werten, zu denen hin ein Mensch sich zu entwickeln imstande ist. Dazu bedarf es der Förderung. Wer sich durch das Leben in der Gestalt wohlwollender Menschen gefordert empfindet, der beginnt sich selbst zu fördern. Er wird ermutigt, **Gestalter des Lebens** zu werden.

Damit schließen wir wieder an den Fördergedanken an. Je fordernder der RU gestaltet wird, umso fördernder wird er. Dabei erleben die Schüler die Forderung im RU nicht in erster Linie in der messbaren Leistungserbringung. Vielmehr fordern die Themen, die Art und Weise der Interaktion, die Wertschätzung durch die Lehrkräfte und das klare Unterrichtsklima dazu auf, in eine selbstfördernde Haltung hineinzugehen. Sie lernen an Lebensmodellen die eigene Fähigkeit entwickeln, Stellung zu nehmen. Mit jeder gelungenen Stellungnahme wächst der personale Kern des jungen Menschen. Er baut in seine Grundhaltung die Werteorientierung und in Zusammenhang damit die Fähigkeit zur sinnvollen Stellungnahme ein. Deshalb werden in die Stundenmodelle immer auch berührende Sequenzen eingeflochten. Dort können Kinder und Jugendliche auch Erfahrungen mit einzelnen Erlebnisweisen, Einstellungen und Haltungen der Maria aus Magdala sammeln. Sie überschreiten darin die Sachebene in die Persönlichkeitsdimension hinein. Sie begegnen ihrem eigenen Wertbild.

Ausblick:
Im Folgenden ordnen wir die drei Entwicklungsphasen den drei theologisch relevanten Erfahrungen der Maria aus Magdala zu:

(1) Begegnung: Die Begegnung mit Jesus konfrontiert Maria mit ihrem bisherigen, durch die Dämonen beherrschten Leben. Es kreist um die Themen Einsamkeit und Isolation. Die Frage nach dem Ansehen durch die Öffentlichkeit war im Lebenszusammenhang des antiken Israel für eine alleinstehende Frau elementar.
Hier bietet sich ein unmittelbarer Bezug zur Erfahrung vieler Förderschulkinder. Deren Selbstwahrnehmung ist durch die Ambivalenz zwischen besonderer Zuwendung durch Eltern, Lehrer und Therapeuten und dem Wunsch nach Ansehen gerade bei gleichaltrigen Kindern geprägt. Oft unterstützt gerade das besondere Ansehen durch die Erwachsenen die Einsamkeit in der Peergroup. In der Lebenslage der Maria, aus der heraus sie Jesus begegnet, spiegeln sich Erfahrungsweisen und -wünsche der Schüler wieder.

(2) Veränderung: Maria lässt sich auf Jesus ein. Das verändert zunächst ihre Lebensführung. Sie erlebt sich von den Dämonen befreit. Sie lebt in der Jüngergruppe. So erschließt sich ihr ein neuer Lebensraum. Innerhalb dieses Lebensraumes beginnt sie mit der Veränderung der Persönlichkeit. Denn sie gewinnt ein verändertes Ansehen. So beginnt ihre Entwicklung.
Die Einschulung in die Förderschule kann für die betroffenen Kinder einen solchen neuen Erfahrungsraum öffnen. Sie leben sich in die Schulsituation, in die Gruppe hinein, in der sie aufgehoben sind, die Geborgenheit vermittelt, in der sie ein verändertes Ansehen genießen. Der RU bietet die Möglichkeit anhand der Veränderung der Maria aus Magdala den Kindern ein Modell für deren eigene Veränderungen zu erschließen. Sie lernen sich selbst mit anderen Augen zu sehen. Sie geben sich damit ein neues Ansehen.

(3) Auferstehung: Dass Maria zur ersten Auferstehungszeugin wird, vermittelt einen Eindruck von der Dynamik ihrer Persönlichkeits- und Lebensentwicklung. Sie ist fähig den Tod Jesu auszuhalten und gleichzeitig bereit, sich auf etwas unvergleichbar Neues einzulassen: das Leben des Auferstandenen. Dabei bezieht sie sich selbstverständlich auf den Jüngerkreis zurück. Zugleich aber erscheint sie als eine Gesandte, die über das vertraute Leben hinaus zur Botschafterin der österlichen Sicht des Lebens wird.
Soweit trägt die Entwicklung, dass der Mut, etwas Neues zu wagen, entsteht. Gerade die Maria der Auferstehungsberichte ist eine Ermutigungsgestalt für die Kinder. Ich kann nicht nur das Vertraute. Ich kann auch etwas Neues, für mich noch nie Gelebtes wagen. Hier können Aktualfähigkeiten der Kinder, Konzepte für erste Schritte ins unbekannte Lebensland angeregt werden.

2.1 Begegnung: das Thema „Ansehen" und die Persönlichkeit Marias

Die Einleitung zu Kapitel 2 sieht als **lebensthematische Mitte der ersten Lebensphase** der Maria aus Magdala das **„Ansehen"**.
Im Sammelbericht Lk 8,1–3 finden sich **drei Hinweise auf den Lebensabschnitt vor der Begegnung mit Jesus**:

- Marias Persönlichkeit und Leben war durch **sieben Dämonen** gekennzeichnet.
- Sie lebte wohl **ohne Familie**; denn ihr Namenszusatz „aus Magdala" oder „Magdalena" ergibt keinen familiären Zusammenhang.
- Sie verfügte über **selbstständigen Besitz**.

Das **Herkunftsbild** Marias umreißt also eine für damalige gesellschaftliche Verhältnisse ungewöhnliche Situation. Die Frau ohne familiäre Anbindung lebte in einem rechtsfreien Raum. Trotzdem wirkte Maria wohl bedrohlich auf ihre Mitmenschen. Sie galt als dämonisch. Sie wurde also als unberechenbar, unkontrolliert, unheimlich empfunden. Gleichzeitig verfügte sie über ein Vermögen. Welches Ansehen hatte diese Frau in Magdala?

Werteorientiertes Ansehen:
U. Böschemeyer macht auf die **Bedeutung des Ansehens** aufmerksam: „Wer andere ansieht, schenkt ihnen Ansehen."[15] Das lädt zu einer Fantasieübung ein:

Wie sahen die Menschen Maria Magdalena an?
Was drückte ihre Erscheinung aus?
Was erzählten ihre Augen?
Wie wirkten ihre Bewegung, ihr Gang, ihre Arme auf die Menschen?
Was könnte mich an dieser Frau anziehen?

Vielleicht rang Maria mit dem Ansehen, das sie hatte. Sicher ging es ihr mit dem Ruf der Dämonie nicht gut. Möglicherweise fühlte sie sich ausgegrenzt, einsam, abgeschieden vom Leben des Ortes und seiner Bewohner. Vielleicht war sie gleichzeitig auch stolz darauf, dass sie als eine besondere Frau galt. Überall, wo sie auftrat, erregte ihre ungewöhnliche Lebensführung Aufmerksamkeit. Maria wirkte in ihrem Ansehen recht widersprüchlich. Zuwendung erlebte sie wohl bei alldem ganz selten.

Hier können sich Schüler mit eigenen Erfahrungen festmachen.
Wie geht es mir in meiner besonderen Persönlichkeit, mit meinen besonderen Lebensbedingungen? Wo geht es mir damit gut? Wann geht es mir damit schlecht? Wie fühle ich mich, wenn mich die anderen ansehen? Welches Ansehen habe ich? Wie sehe ich andere? Welches Ansehen gebe ich ihnen?

Die Frage nach dem Ansehen verbindet sich mit dem Herkunftsbild eines Menschen. Je nachdem, wo jemand herkommt (Migrationshintergrund), aus welcher Familie ein Mensch stammt (Bindungs- und Bildungshintergrund), welcher gesellschaftlichen Schicht (sozialer Hintergrund) er kommt, entscheidet über sein Ansehen mit. Die Frage des Ansehens hängt mit Vorurteilen zusammen, die Menschen über einander haben. Marias Ansehen war darüber hinaus noch durch ihr Zustandsbild beeinflusst: Sie galt als eine Frau, die durch Dämonen geprägt erscheint. Was bedeuten die Dämonen für Maria?

Der Zugang zu ihrer Person, zur Mitte ihrer Persönlichkeit, war verschüttet. Sieben Dämonen, also **lebensfeindliche Kräfte**, ließen sie in Selbstentfremdung leben. Ihre **Lebensgrundspannung** ließ eine Entwicklung kaum zu. Sie war in ihrem Ansehen gefangen. Wir können uns Maria als einen Menschen vorstellen, der sich auf dem Weg zum Besten seiner selbst durch lebenswidrige innere Kräfte blockiert, festgehalten, abgelenkt empfindet. U. Böschemeyer nennt diese Kräfte die „Gegenspieler"[16]. Sie hindern das Leben, die konstruktiven Potentiale, die aufbauenden und lebenstragen-

---

15 Böschemeyer, U. (2003), S. 127
16 Böschemeyer, U. (2003), S. 97 ff.

den Gefühle. Die „sieben Dämonen" blockieren das Leben Marias. Sie kommt nicht zum Besten ihrer selbst. Sie lebt nicht aus ihrer Mitte: „Aus dem Geist heraus zu leben meint leben aus seinem Herzen und seiner Herzenswärme heraus."[17] Maria ist vielmehr getrieben von Kräften, denen gegenüber sie kapituliert hat. Ihre **Selbststeuerung** hat sie aus der Hand gegeben.

Auch hier lassen sich leicht Verbindungen zu kindlichen Erfahrungen herstellen:
Welche Erfahrungen machen Schüler mit ihrer Wut, mit Zornesausbrüchen? Was erleben die „Zappelphilippe" in der Lerngruppe?
Oder in personenbezogener Weise gefragt:
Wie geht es dir, wenn du ausgerastet bist? Wie fühlst du dich dann, dir selbst und den anderen gegenüber?
Kinder und Jugendliche sammeln eine Menge Erfahrungen gerade mit dem Verlust von Kontrolle und Selbststeuerung. Wie viele Mitschüler haben Angst vor der dämonischen Gewalt eines Mitschülers, eines Lehrers, eines Elternteils, der rasch „aussteigt"? Nicht wenige Kinder, vor allem aber Jugendliche leiden unter dem Eindruck, dass ihre Selbststeuerung zu wenig greift. Der RU kann Raum geben, über solche Erfahrungen zu berichten und Möglichkeiten zeigen, wie den Erfahrungen zu begegnen ist.

„Wer andere ansieht, schenkt ihnen Ansehen." Das Thema des ersten uns greifbaren Lebensabschnitts der Maria von Magdala weist auf ein wichtiges **Potential jedes Menschen** hin: Seine **Fähigkeit, über sich und seine Lebenslage hinaus auf den Wertezusammenhang oder Sinn einer Lage hinzusehen**. In der Logotherapie heißt diese Kompetenz „Selbsttranszendierung".[18] Die Grundempfindung dazu drückt sich in dem Satz aus: „Ich bin mehr als ..." Diese Formel führt unmittelbar zum konstruktiven Potential des Ansehens.

Legt das Ansehen einen Menschen fest, dann wirkt sich vor allem die lebensfeindliche Seite des Ansehens aus. Das Ansehen besteht dann vorwiegend aus **Vorurteilen**. Oft sind gerade Förderkinder in der Klasse oder in ihrer sozialen Gruppe mit solchen Vorurteilen konfrontiert. Sie beginnen dann, sich immer wieder mit anderen zu vergleichen. Wer ist besser, wer ist schlechter als man selbst? Die **Haltung des Vergleichens** verfestigt aber die lebensfeindliche Seite des Ansehens. Es ist wahrscheinlich, dass es Maria aus Magdala ähnlich erging. Was wir an ihrer ersten Lebensphase leicht erkennen: Sie konnte sich aus eigener Kraft nicht aus diesen lebensfeindlichen Vorurteilen befreien. Das verstärkte die Herrschaft der Dämonen, der inneren lebensfeindlichen Kräfte. Sätze wie: Ich bin mehr als meine Dämonen, meine Einsamkeit, meine Wut ... gelangen ihr nicht mehr.

Hier kann im RU unmittelbar das Bewusstsein für die lebensfeindliche Wirkung von Vorurteilen geschaffen werden. Eine einfache Übung ist es, die Schüler die Formel: „Ich bin mehr als ..." in Anschluss an die Begegnung mit dem Herkunfts- und dem Zustandsbild der Maria Magdalena ausführen zu lassen.

Wer die Empfindung, dass er mehr als das vorverurteilende Ansehen ist, ausdrücken kann, aktiviert die Lebensgrundspannung. Die konstruktive Seite des Ansehens öffnet das Leben für die Freiheit. Wenn sich jemand als wert-voll, als liebens-würdig angesehen empfindet, dann führt ihn solches Ansehen über seine Befindlichkeit hinaus zu dem, was er werden kann. Das wertorientierte Ansehen erschließt dem Menschen sein Wertbild.

---

17 Peeck, S. (2005): Woher kommt die Kraft zur Veränderung? Neue Wege zur Persönlichkeitsentwicklung. Hamburg (Ellert&Richter), S. 213
18 Riedel, Chr., R. Deckart, A. Noyon (2008[2]), S. 96–99

2.2 Veränderung: das Thema „Wandel" und das Leben Marias

War die erste Lebensphase der Maria aus Magdala vom Thema „Ansehen" geprägt, löst die Begegnung mit dem vorösterlichen Jesus einen Prozess in ihr aus. Mk 16,9 und Lk 8,2 beschreiben ihre **Heilung** als die Befreiung von den sieben Dämonen. Mehr erfahren wir in den Evangelien darüber nicht. Allerdings lässt die Wirkung der Dämonenbefreiung Rückschlüsse darauf zu, **wie Maria ihre neu gewonnene Freiheit lebte**. Sie schloss sich dem Jüngerkreis zusammen mit anderen Frauen an, die Jesus mit ihrem Besitz unterstützten. Maria ergreift angesichts des Todes Jesu die Initiative für seine angemessene Beisetzung. Sie ist es deshalb auch, der der Auferstandene als erster begegnet. Die lebensthematische Mitte der zweiten Lebensphase der Maria ist also der **Wandel in ihrer Persönlichkeit und in ihrer Lebensführung**. In den Evangelien drückt sich dies in folgenden **Hinweisen** aus:
- **Befreiung** von den sieben Dämonen, den lebensfeindlichen Kräften
- **Leben** mit mehreren Frauen **im Jüngerkreis** um Jesus
- **Unterstützung** durch den eigenen Besitz
- **Initiative zur angemessenen Bestattung** Jesu.

In der Begegnung mit Jesus löste sich die Befangenheit Marias in den Vorurteilen und den lebensfeindlichen Haltungen, die sich in den sieben Dämonen ausdrücken. Sie wird geheilt und sie erlebte sich auch als heil. Der **Wandel** vollzieht sich für Maria also in verschiedenen Ebenen. **Objektiv** bewirkt die Begegnung mit Jesus ihre **Heilung**. **Für sie selbst** (subjektiv) entsteht dadurch eine **Aufgabe**, nämlich die **Heilung auch anzunehmen** und sich **als heil wahrzunehmen**. Erst dadurch wird die Heilung, die von Jesus ausgeht, zum Heil für Maria. Die Heilung wirkt sich auf ihr Leben aus. Was wäre denn mit Maria geschehen, wenn sie die Heilung durch Jesus nicht angenommen hätte? Hätte sie sich dann auf Jesus, die anderen Frauen und den Jüngerkreis eingelassen?

Diese Frage erschließt, dass Heilung ein interaktiver, ein zwischenmenschlicher Akt ist. Jesus trug zur Heilung Marias so bei, dass er die Macht der lebensfeindlichen Kräfte einschränkte. Maria nahm den neuen inneren Freiraum an und veränderte ihr Leben. Sie ließ das bisherige Leben hinter sich und öffnete sich neuen Lebenserfahrungen. Statt in Isolation lebte sie in der Gemeinschaft mit den anderen geheilten Frauen (Lk 8,2). Ihren Besitz stellte sie dem Jüngerkreis zur Verfügung. Sie selbst ließ sich von dem, was Jesus lebte, erfüllen und gewann dadurch bei den Jüngern ein neues Ansehen. In welchem Ansehen Maria stand, lässt sich daran zeigen, dass ihr Name die Frauenlisten anführte. Von den biblischen Autoren konnte es nicht unterdrückt werden, dass Maria die erste Auferstehungszeugin war. Das Ergebnis des Entwicklungsprozesses Marias lässt den tiefgreifenden Wandlungsprozess dieser Frau erahnen.

Sie haben einem Schüler den Weg gezeigt, wie er sein verstricktes Verhalten lösen kann. Gut durchdacht boten Sie ihm Möglichkeiten an, wie er wertvolle Haltungen einüben kann. Sie sehen seine Augen noch leuchten – und entdecken, wie er einen Tag später sich wieder in seinen Verstrickungen verfängt.
Der Schüler war erleichtert darüber, dass Sie ihm Lösungswege zeigten. Aber er nahm den Freiraum nicht an. Er ging den Weg nicht.

Auch das wäre möglich gewesen: Maria fühlte sich durch den Freispruch Jesu entlastet – und lebt weiter wie bisher. Es hätte sich folglich für sie nicht viel geändert. Was geschah in der Begegnung mit Jesus, dass Maria das Heil annehmen konnte?

Dichte Begegnung:
Maria erlebte ihre Begegnung mit Jesus als „dichte Begegnung": Sie empfand sich dadurch in allen Dimensionen ihres Daseins als **geheilt**.
- Die Heilung geschah zunächst **in der körperlichen** (Krankheiten) und der **affektiv-kognitiven Dimension** (üble Geister). Heilung in diesen beiden Dimension heißt zuerst: **Befreiung von** körperlichem und seelisch-mentalen Leiden. Wer davon befreit wurde, dessen Körper, dessen emotionale Seele, dessen kognitive Kräfte sind ent-stört und funktionieren wieder. Funktionieren

bedeutet auch: Die Geheilten sind wieder leistungs- und erlebnisfähig. Die Kraft dazu ging von Jesus aus.
- Logotherapeutisch gesehen heißt Heilung auch **Befreiung zu** verändertem Schaffen und verändertem Erleben. Durch die Heilung ist das Leiden Vergangenheit geworden. An die Stelle des Leidens tritt aber das intakte, heile Leben nicht von selbst. Es ist Maria, die die neu gewonnenen Möglichkeiten ergreift und gestaltet.
- Wesentlich dafür ist, dass Maria durch das Ansehen, das Jesus ihr schenkte, mit ihrem **Wertbild** in Berührung kam. Der Zugang zum eigenen Wertbild setzt die Persönlichkeitsentwicklung in Gang. Das Wertbild aktiviert die Lebensgrundspannung, die den Prozess der Veränderung anregt und trägt. (siehe: S. 10–12)

Eine **dichte Begegnung** bringt das **Wertbild** in den Menschen, die einander begegnen, ins Schwingen. So entsteht **Wertschätzung**. Dadurch dass Menschen einander in der Wahrnehmung des eigenen Wertbildes anregen, entdecken sie, dass sie mehr sind als ihr Herkunfts- und Zustandsbild. Sie überschreiten ihre Befindlichkeit und alle Vorurteile hin zu dem, was sie für sich und andere sein können. Maria findet so zur Gemeinschaft. Im Jüngerkreis und ihrer Freundschaft mit Jesus kann sie das Leiden an den sieben Dämonen hinter sich lassen. Sie gestaltet die neu gewonnene Freiheit in Selbstverantwortlichkeit. So gewinnt sie das Ansehen der Jünger, auch über den Tod Jesu hinaus.

Das **Heilsein** ermöglicht Maria auch neuen **Sinn**. Ihre Fähigkeiten, ihr Besitz, ihr Frausein, ihr Menschsein wird durch das Leben in der Gemeinschaft mit Jesus und die Mitarbeit an der Reich-Gottes-Verkündigung sinnvoll. Wer Sinn für sich gefunden hat, der sieht im Leben Aufgaben, die ihn herausfordern, seine Antwort zu geben. Marias Antwort findet sich im Kontext der zweiten Begegnung mit Jesus, wie sie Joh 20 schildert.

2.3 Auferstehung: das Thema „Sendung" und die Aufgabe Marias

In den Evangelien werden **drei Lebensabschnitte Marias** greifbar. Jeder hat seine lebensthematische Mitte:
- Marias Leben bis zur Begegnung mit Jesus kreiste um das **Ansehen** Marias. Sie erlebte sich inmitten des spätantiken Judentums als anders. Vorurteile durch andere und der Verlust der Selbststeuerung kennzeichnen ihr Leben. Dennoch erscheint sie offen und bereit für die Veränderung.
- **Wandel** ist das Thema der zweiten Lebensphase, die in der Begegnung mit Jesus beginnt. Maria nimmt das Heilungsangebot Jesu an. Sie nimmt ihr Leben in die eigenen Hände. Die Frauen im Jüngerkreis werden ihre neue Heimat. Sie verlässt die Isolation und lässt sich auf die Gemeinschaft mit Jesus ein. Ihr Vermögen stellt sie in den Dienst der Jüngergruppe. So öffnet sie ihr Leben dem Wertbild, zu dem sie wachsen kann.

Im **dritten Lebensabschnitt** begegnen wir der Maria, die Leiden und Sterben Jesu erleben musste. Sie muss den Tod Jesu und seine bedrohliche Wirkung auf die Jüngergemeinschaft aushalten lernen. Den Schwerpunkt der biblischen Aussagen dazu finden wir in Joh 20,1–18. Wie Maria Magdalena den Tod Jesu erlebte, dokumentiert die Entwicklung, die ihre Persönlichkeit genommen hatte. Zwei Schwerpunkte enthält der Text bei Johannes:
- die Begegnung mit dem **leeren Grab** und die **Trauer** der Maria
- die Begegnung mit dem **auferstandenen Jesus** und die **Sendung** der Maria

Blicken wir auf die Maria, die frühmorgens noch in der Dunkelheit zum Grab Jesu aufbricht (Joh 20,1). Dass Jesus tot ist, im Grab liegt, lässt ihr keine Ruhe. Die anderen Evangelien berichten von einem praktischen Grund des morgendlichen Grabbesuches: In der Eile des Rüsttages vor dem Sabbat wurde die Beisetzung nicht vollendet. Jesus war noch nicht einbalsamiert. Nach Joh 19,39–40 war das Beisetzungsritual schon abgeschlossen. Die Beweggründe zum Grabbesuch am Morgen des Sabbats sah der Verfasser des Joh-Textes wohl eher bei Maria persönlich, in ihrer **Beziehung zu Jesus**. Schauen wir darauf zurück.

- Maria begegnet in Jesus einem Menschen, der ihr nicht ausweicht. Jesus hält Maria aus, samt ihrer sieben Dämonen. Er lässt sich auf sie so ein, dass Maria ihre Dämonen loslassen kann. Die Bindung zwischen Maria und Jesus war eine **Lebensbeziehung**.
- Maria hat Jesu Tod erlebt. Anders als die Jünger (und wohl auch Jesu Mutter Maria) zieht sie sich nicht in die Sicherheit eines Hauses zurück. Denn sie hatte etwas Wichtiges in ihrem Leben mit Jesus gelernt: Sie kann vom Leben nicht erwarten, dass es ihr Glück und den Sinn zuspielt. Sie muss den Widerspruch des Lebens aushalten – und darin die Kräfte sammeln für ihre **individuelle Antwort auf den Anspruch des Lebens an sie**.

Jetzt, am leeren Grab, steht sie vor einem ungeheuren Lebensanspruch. Dort lag der Anlass ihrer Heilung, das Heil ihres Lebens begraben. Jetzt ist dort nur noch Leere. Der Verlust vertieft sich angesichts des leeren Grabes. Nichts ist mehr von dem übrig, was Quelle so vieler sinnvoller Lebenssituationen war. Jesus ist weg. Das Grab ist leer. **Maria steht buchstäblich vor dem Nichts.**

In solcher Tragweite ist das vor allem jüngeren Schülern nicht zumutbar. Dennoch kann das leere Grab ein sinnvolles Symbol für die Kinder sein. Jedes der Kinder erlebte schon Verlustsituationen. Welche Stimmungen kennen die Schüler, wenn sie etwas Wichtiges verloren haben oder wenn etwas Schönes kaputt gegangen ist?
Werteorientiert ließe sich der Unterschied zwischen dem, was wirklich am Herzen liegt, und dem, was man halt hat, erarbeiten. Was ist unersetzbar, wenn es verloren oder zerstört ist?
Das Phänomen des Verlustschmerzes kann hier aufgegriffen werden. Schmerz, der durch Verlust entsteht, weist darauf hin: Das Verlorene war mir sehr wichtig. Es war voller Wert für mich.
Auch die vermeintliche Ausweglosigkeit liegt als Thema in der Situation. Wer hatte schon einmal das Gefühl, vor dem Nichts zu stehen? Wie geht es einem da? Was sind das für besondere Situationen?

Was löst diese Lage in Maria aus? Wie geht Maria auf die Lage des „leeren Grabes" ein?
Der biblische Text zeigt eine überraschende Reaktion Marias: Sie läuft zu den Jüngern Jesu und nimmt sie mit ans leere Grab. (Joh 20,3) Eine Möglichkeit, mit der **Trauerarbeit** zu beginnen, ist Aktivität und Mitteilung. Häufig werden Trauernde dann aktiv, wenn der Todesfall überraschend kam. Nach einer kurzen Phase der Schreckensstarre erwacht das Handlungssystem. Maria wurde durch das leere Grab überrascht. Damit hatte sie, die an der Beisetzung Jesu führend mit beteiligt war, nicht gerechnet. Jesus ist weg. Das muss sie dem Jüngerkreis zu Hause mitteilen.

Ab Vers 4 beginnt eine ungemein feinsinnige und empathische Schilderung dessen, was Marias Nachricht vom leeren Grab auslöste. Da sind der sog. Jüngerwettlauf und dann die Besichtigung des Grabes. Was auffällt: Petrus und der Jünger, den Jesus liebte, sehen vor allem die **Fakten**. Da liegen die Grabtücher, teilweise ordentlich an ihrem Platz. Die beiden Männer werden durch das Nichts, das sie vorfinden, nicht beeindruckt. Sie glauben nun Maria, weil sie das leere Grab gesehen haben. Die Frage, wo Jesus ist und was zu tun wäre, wird nicht gestellt. Die beiden kehren einfach zu den anderen zurück. Maria aber stand draußen und weinte. (Vers 11). Im Vers 12 nun blickt sie selbst in das Grab. Sie aber sieht nicht die Grabtücher, sondern **zwei Engel** dort sitzen. Die Engel behüten den Platz, an dem Jesus lag. Die trauernde Maria bleibt also nicht bei den Fakten stehen. Sie blickt durch sie hindurch auf andere **Möglichkeiten**, die das Grab birgt. In dem Augenblick, als sie die Engel wahrnimmt, fühlt sie sich in ihrem Schmerz und ihrer Not angesprochen. Sie weint, weil sie nicht weiß, wo Jesus ist.

Die Schilderung enthält mehrere Kostbarkeiten für den Unterricht.
*Zum einen kann auf die **unterschiedliche Wahrnehmung von Männern und Frauen** eingegangen werden. Gerade in Notlagen kommt es auf die Art der Wahrnehmung an. Jungs gehen aufgrund ihrer Art, die Lage zu sehen, mit schwierigen Lagen oft anders um als Mädchen.*
*Zum anderen bietet sich an, über das **Berührtsein durch eine Lage** nachzudenken. Was berührt einen wie, kann eine Frage sein. Auch hier nehmen sich Mädchen und Jungen unterschiedlich wahr. Das Wissen davon kann produktiv für das gegenseitige Verständnis genutzt werden.*
*Ein dritter Ansatzpunkt ist ein Gespräch über **Tod und Trauer**. Menschen trauern unterschiedlich. Manche werden aktiv wie Maria. Andere ziehen sich mit ihrer Trauer zurück, wie die beiden Jün-*

ger. Es gibt Trauerphasen, in denen der Schmerz über den Verlust Betriebsamkeit und Unruhe auslöst. Es gibt auch solche, in denen Menschen mit ihrem Schmerz allein sind, gewissermaßen draußen bleiben und weinen. Sie fühlen sich nicht mehr zugehörig. Das normale Leben ist in solchen Abschnitten des Trauerprozesses fremd geworden.
Weiterführen kann die Frage: „Was wäre, wenn Maria mit den beiden Jüngern nach Hause gegangen wäre?" oder
„Was wäre, wenn Maria gesehen hätte, was die beiden Jünger sahen: das leere Grab und die Grabtücher?"

Maria ließ sich durch die Engel ansprechen. Sie verschloss sich den guten **Lebenskräften** nicht. Sie lebte, was mit Frankl die „kopernikanische Wendung" gegenüber dem Leben genannt wurde (siehe: S. 13). Maria ließ sich durch ihr Leid nicht wieder, wie in ihrem ersten Lebensabschnitt durch die sieben Dämonen, gefangen nehmen. Sie stellte sich der Aufgabe des Lebens, die sie durch die Engel hindurch ansprach: Was weinst du? Dadurch öffnete sich der Schmerz vorsichtig in Richtung einer Lösung. Sie weiß nicht, antwortet sie, wohin die ihn gelegt haben, die ihn wegnehmen. Die Not fand ihren Ausdruck. So erwacht das **Handlungssystem** Marias. Der Text formuliert dies so: Sie wendet sich um und sieht einen Mann. Es ist Jesus, aber sie erkennt ihn nicht. (Vers 14) Was sich in der Gestalt der Engel als gute Möglichkeit zeigte, wird nun real. Der Mann fragt sie, wen sie suche. Jetzt wird Maria konkret: Wenn er es war, der ihn weggetragen hatte, dann weiß er auch, wo Jesus liegt. Dort will Maria ihn holen. (Vers 15) Jetzt ist sie ganz gegenwärtig.

Hier könnten mit Schülern zwei Haltungen erarbeitet werden:
- *Opferhaltung: Was geschieht mit mir, wenn ich mich einer Lage ausgeliefert fühle? Wenn ich an einer Situation nur das sehe, was einschränkt, was belastet, was traurig macht, was mich erdrückt, erschlägt ...?*
- *Gestalterhaltung: Was macht Maria anders? Welche Erfahrung (Heilung von den sieben Dämonen) lässt sie nach den Möglichkeiten suchen? Was öffnet ihr die Augen, lässt sie auf die Fragen hören, macht sie bereit zu handeln?*
- *Welchen Vorteil hat die Gestalterhaltung?*
- *Wo kannst du auch zum Gestalter werden? Wo brauchst du dich nicht mehr als das „Opfer" fühlen?*

In dieser Gegenwart ist ihre Person, ihr ureigenster Kern, ihr Wertbild, berührbar. Dahinein spricht Jesus sie an: „Maria!" (Vers 16a). Als Jesus sie mit ihrem Namen anspricht, begegnet er ihr auf die dichtest mögliche Weise: **Wer mit dem Namen genannt wird und in diesem Namen auch gemeint ist,** der **ist als Person angesprochen.** Der Name drückt die **Wertschätzung** aus, die aus dem „anderen" ein einmaliges und einzigartiges Du macht, das in seinem **Wertbild** gemeint ist. Maria ist unverwechselbar und unaustauschbar. Jesus hat ihr das gegeben, was der Sinn seiner Todesüberwindung in der Auferstehung war: das Leben. Jesus erweist sich als der Meister des Lebens. So geht Maria auf Jesus zu: „Rabbuni!" Maria fühlt sich aus der Trauer auferweckt. Sie wurde durch Jesus beim Namen genannt und so zum Leben gerufen, zu einem Leben, das den Tod nicht kennt. Das ist – aus logotherapeutischer Sicht – das **Leben der Person, der innerste, unzerstörbare Lebenskern des Menschen.** „Die geistige Person ist störbar, aber nicht zerstörbar"[19], formuliert V. Frankl die Grundannahme der Logotherapie. Diese Grundannahme hat sich für Maria in Jesus bewährt und wird jetzt auch für sie selbst zur Wirklichkeit.

*Von daher erschließt sich der existenzielle Sinn der Taufe: Dass Menschen auf einen Namen getauft werden, drückt das **Vertrauen auf die Macht** aus, die der Name hat: **die Macht der inneren Person.** Sie lässt den Menschen überstehen, was ihn erschüttert. Sie lässt ihn aufstehen, wo er sich empört. Sie lässt ihn zu sich stehen.*

---

[19] Frankl, V. (1996²): Der leidende Mensch. Anthropologische Grundlagen der Psychotherapie. Bern, Göttingen, Toronto, Seattle (Huber), S. 109

So kann Maria den Meister des Lebens erkennen, nachdem er sie beim Namen genannt hatte. Jetzt hält sie Jesus beinahe fest. Doch noch ist seine Gegenwart zerbrechlich, noch ist seine Auferstehung nicht vollendet. Jetzt darf sie ihn noch nicht halten und ihn am Vollenden seines Werkes hindern. Sie kann auch auf diesen Anspruch um eines größeren Sinnes willen verzichten. Blitzschnell entscheidet sie den Verzicht auf die haltende Umarmung: Sie lässt Jesus sein, damit er werden kann, was er für die Vielen ist: Lebenshalt. Maria lebt die **Selbsttranszendenz** – oder wie wir biblisch sagen können: die Liebe, die offen ist – **über den eigenen Schmerz und die eigene Freude hinaus** – für den anderen. Jesus gehört ihr nicht. Jesus ist der Heiland für die Vielen.

Vielleicht erinnern die beiden **Umwendungen Marias am Grab** an die beiden **Wendungen ihres Lebens**. In der Begegnung mit Jesus gelingt ihr die „Kopernikanische Wendung": weg von den dämonischen (Besitz-)Ansprüchen gegenüber dem Leben (Besessenheit) hin zur sein-lassenden Liebe Jesu (Freiheit). Jetzt gelingt ihr die **Wendung hin zu der Aufgabe**, die Jesus ihr mitgibt. Er **sendet** Maria zu den Jüngern, um die Auferstehung Jesu zum Vater hin zu verkünden. Gott steht endgültig zum Leben. Das ist es, was die Jünger in Bewegung setzen wird. Das ist es, was jeden Christenmenschen in Bewegung setzt. Es muss nicht immer die äußere Bewegung sein. Das Beispiel der Maria aus Magdala zeigt, dass das auch eine innere Bewegung, die Entwicklung der Persönlichkeit und des Lebens sein kann. Am Ende der letzten biblisch greifbaren Lebensphase ist Maria etwas Besonderes geworden: **Maria ist die erste Mitauferstandene.** Maria ist in ihrem Personsein angekommen. Deswegen ist sie mehr als alle anderen Jünger qualifiziert, auch die erste und grundlegende Auferstehungsbotin zu sein.

Mit A. Grün lässt sich das so zusammenfassen:
„*Frag dich, wie du für andere zum Segen werden kannst. Der biblische Begriff der Sendung ist auch für dein Leben wichtig. Wir sind in diese Welt gesandt, um einen Auftrag zu erfüllen. ... Unsere Aufgabe ist es, füreinander zum Segen zu werden.*" [20]

Das ist es, was in der Logotherapie „Selbsttranszendenz" bedeutet: über sich hinaus auf den jeweiligen Werthorizont blicken, von dem her die Aufgaben im Leben sinnvoll werden. Damit bleibt die entwickelte Persönlichkeit nicht bei sich, sondern sie steht immer wieder auf, um auf andere zuzugehen – mit der Botschaft: Mute dir das Leben zu! Hab' Mut zum Leben!

---

20 Grün, A. (2005), S. 155 f.

Ingrid Walz / Christoph Riedel

Kapitel 3: Ein Unterrichtszyklus zu „Maria Magdalena"

3.1 Fördernde Begegnung mit der biblischen Gestalt Maria Magdalena – didaktische Einführung

Der werteorientierte Religionsunterricht geht weit über das hinaus, was Kindern affektiv, emotional und kognitiv vermittelt werden kann oder was sie in diesen Ebenen zu erfassen imstande sind. Das hier gebrauchte Wort „Wert" symbolisiert innere Wegweiser, die ermöglichen, das Leben als sinnvoll zu erfahren und die Persönlichkeit positiv zu entfalten. **Werteorientierter Religionsunterricht ist „Lernen für`s Leben" und „Leben durch den und mit dem Glauben".**
Kindern diese (inneren) Wegweiser sicht- und greifbar zu machen, ist das Anliegen dieses Unterrichtszyklus zu Maria Magdalena. Mehrere Werte in einem sich verändernden Lebenslauf einer einzigen biblischen Person erfahr- und erlebbar zu machen, verstärkt die eigene Auseinandersetzung mit den lebensbegleitenden und lebensfördernden Werten.

In der biblischen Person und im Leben Maria Magdalenas begegnet uns zu Beginn des Unterrichtszyklus ein blockierendes Lebenssystem, das sich hin zu zwei aufeinanderfolgenden Wertesystemen verändert.
(1) Maria Magdalena erlebt sich immer wieder in der **Auseinandersetzung mit ihren dämonischen Kräften**, die sie für ein sinnvolles Leben (Zustandsbild oder Ausgangslage) blockieren.
(2) Durch die Begegnung mit Jesus und durch die Entscheidung, das weitere Leben mit ihm und den anderen Jüngern und Jüngerinnen zu gestalten, verändert sich das blockierende Lebenssystem in ein gewandeltes Leben, das durch die **Entfaltung ihres neu gewonnenen Wertesystems** („wertvoll sein und wertgeschätzt werden") getragen wird.
(3) Ein drittes Lebenssystem entwickelt sich durch die zweimalige Wendung zu dem auferstandenen Jesus, der sie **zu den Jüngern mit der Botschaft sendet, dass er, Jesus, auferstanden ist** („bedingungslos geliebt und gesandt").

Die **drei großen Lebenssysteme** werden in der Unterrichtskonzeption **in sechs Lerninhalte** aufgegliedert:
- „Ich bin anders!": Maria Magdalenas Leben mit den Dämonen und die Folgen daraus (3.2)
- „Ich werde wertgeschätzt! Ich bin wertvoll! Ich bin wer!": Maria Magdalenas Heilung durch Jesus und deren Einsatz mit ihrem Vermögen (3.3)
- „Ich freue mich (für dich)!": Maria Magdalenas Freude mit Jesus beim Einzug in Jerusalem (3.4)
- „Ich frage Gott, warum …?": Maria Magdalenas Begleitung Jesu durch sein Leiden bis hin zum Tod am Kreuz (3.5)
- „Ich werde bedingungslos geliebt. Ich darf mich verwandeln!": Maria Magdalenas Begegnung mit dem auferstandenen Jesus und ihre Sendung ins Leben oder: Das Leben stellt mir Fragen – Das Leben schenkt mir Aufgaben/Gaben! (3.6)
- „Ich kann zum Segen werden! Ich kann ein Segen für andere sein!" (3.7)

Die sechs Lebensthemen sind in eine **kontinuierlich wiederkehrende Unterrichtsstruktur** eingebettet, die vor allem Kindern mit Verhaltensauffälligkeiten und Konzentrationsschwächen die Möglichkeit bietet, sich auf die Inhalte zu konzentrieren. Dadurch können sie die angebotenen Werte besser wahrnehmen, deutlicher erfahren und sich mit ihnen auseinandersetzen.

Die **wiederkehrende Struktur der Lerneinheiten** umfasst
(1) ein Begrüßungsritual
(2) ein Gebet
(3) eine Erzählung

(4) ein spielerisches Element, entweder eine Körperübung/-wahrnehmung, oder die kreative Verarbeitung oder/und ein Arbeitsblatt
(5) ein Abschlussritual.

Das Begrüßungs- und Abschlussritual sowie das gemeinsame Gebet bilden den festen Rahmen einer Lerneinheit.

(1) Begrüßungsritual
Es ist für die Kinder wichtig, ein festes Begrüßungsritual zu erleben. Jeder Teil dieses Rituals hilft ihnen, Schritt für Schritt im Unterricht anzukommen. Bevor das eigentliche Ritual durchgeführt wird, ist eine Phase der Vorbereitung und des Zugangs zum Ritual wichtig. Diese Zeit bezeichnen wir als „Brückenzeit". In der **„Brückenzeit"** kommen die Schüler in den Raum, nehmen ihren Platz ein und sollen sich auf den Religionsunterricht vorbereiten:

Die Lehrkraft erwartet die Kinder in dem Zimmer, in dem der Religionsunterricht stattfinden wird. Es ist alles vorbereitet; der Raum ist aufgeräumt und hergerichtet. Die Tische stehen, wenn es möglich ist, in U-Form.

Bevor die eigentliche Stunde beginnt, sollten Organisatorisches, Informelles und auch Probleme, die bis dahin aufgetaucht sind, geklärt sein. Es ist wichtig, dies vorher zu machen, sodass die Kinder das alles abschließen und ablegen können. Dann sind sie konzentriert genug, um sich auf die Inhalte der Stunde einlassen zu können. Sehr hilfreich ist es dafür, die Körpersprache der Kinder beim Hereinkommen zu beobachten. Viele Kinder werden von sich aus erzählen, was sie gerade bewegt (Siehe Registerkarte: „Beginn der Stunde", S. 111)

Während Sie noch mit einzelnen Schülern sprechen, richten alle ihre Materialien für den Religionsunterricht her: Hefte, Federmäppchen, Schere und Kleber, Buch und evtl. Liederbuch.
- Des Weiteren müssen Sie auch entscheiden, ob Sie die Kinder in dieser „Brückenzeit" noch essen und trinken lassen wollen. Klären Sie ein- für allemal diese Fragen.
- Wenn Sie ein **Punktesystem (Belohnungssystem)** für die Schüler haben, kann dies der richtige Zeitpunkt sein, die Punkte (Muggelsteine) an die Kinder zu verteilen. Sehr bewährt hat sich in langjähriger Unterrichtstätigkeit, folgende Punkte zu verteilen:
  – einen Punkt für die mitgebrachte Schere,
  – einen Punkt für den mitgebrachten Kleber,
  – einen Punkt für das mitgebrachte Heft,
  – einen Punkt für die Mitarbeit
  – und einen Punkt für das Verhalten.
  Es ist immer möglich zusätzliche Punkte zu geben, z.B.
  – in einer unruhigen Klasse einen Punkt für das ruhige Verhalten am Platz zu Beginn der Stunde
  – oder einen Punkt für die Pünktlichkeit, wenn Schüler sehr herumtrödeln.
  Die Punkteanzahl für jedes einzelne Kind in der jeweiligen Stunde kann individuell (sehr) verschieden sein. Die Kinder erhalten ihre Punkte (Muggelsteine) und legen sie in eine Ecke des Tisches oder in ihr aufgeklapptes Federmäppchen. Wer mit den Steinen spielt oder gegen andere Regeln der Schul- und Religionsgruppe verstößt, dem wird ein Stein abgenommen. Am Ende der Stunde werden die Muggelsteine zusammengezählt und in eine Liste eingetragen. Bei insgesamt 20 Punkten erhalten die Kinder eine gute Nachricht (siehe: S. 34) oder eine Kleinigkeit aus der Schatzkiste.
  Das System ist zwar zeitintensiv und aufwändig, hat sich aber über die Jahre hinweg sehr bewährt. Wie bei vielen Ritualen oder Strukturen ist es wichtig, sie konsequent durchzuführen. Überlegen Sie deshalb, ob Sie persönlich hinter so einem System stehen können. Ihre Authentizität wird sich auf den Erfolg bei der Durchführung eines Punktesystems in der Gruppe auswirken.
- Wenn dieser Schritt am Anfang der Stunde durchgeführt ist, endet die „Brückenzeit". Ein **akustisches Signal** setzt das **Zeichen für den Beginn der Religionsstunde** und kann für die Schüler sehr hilfreich sein. Dafür eignet sich der Ton einer Klangschale, einer Glocke, eines Klangstabes, einer Triangel oder eines anderen Instruments. Wenn dieser Ton erklingt, wissen die Kinder: Jetzt beginnt der Religionsunterricht (Siehe Registerkarte: „Begrüßungsritual", S. 112).

Die Rituale zu Beginn des Religionsunterrichtes:
- **Stehvermögen:** Als Lehrkraft stehen Sie vor den Schülern und in der „Mitte" vor der Tafel. Dadurch drücken Sie ihre **Präsenz** aus. Sie sind als Lehrkraft im Zentrum des Geschehens. Ruhiges Stehen und fester Stand ermöglichen den Schülern, selbst zur **Ruhe** zu kommen, bzw. Ruhe in den Unterricht einkehren zu lassen. Des Weiteren vermittelt Ihr Stehen und das damit verbundene persönliche Stehvermögen den Schülern **Halt** im doppelten Sinne. Ihr Stehvermögen zeigt, **dass Sie jedes einzelne Kind in seiner Persönlichkeit, seinem Da- und Sosein halten, aushalten und auch (er-)tragen können.** Außerdem lernen die Schüler die Bedeutung des Stehens der Lehrkraft als eine Art **Signal- oder Stoppschild**: Was die Kinder gerade tun oder womit sie innerlich beschäftigt sind, das sollen sie anhalten und unterbrechen. Darüber hinaus erleben Sie als Lehrkraft im Stand **Sicherheit**. Er signalisiert den Kindern, dass sie sich auf sicherem Boden befinden. Vielleicht motiviert Sie die Auseinandersetzung mit dem Stehvermögen zur Beschäftigung mit ihrer Körpersprache. Die Arbeit daran fördert ihre Präsenzfähigkeit. Die Präsenz einer Lehrkraft, die sich körperlich und non-verbal ausdrückt, ist ein zentrales Gut innerhalb einer Unterrichtsstunde, das sich auf den Erfolg und das Gelingen der Stunde auswirkt.
- **Stimmungsbild:** Haben Sie eine Gruppe mit maximal 15 Kindern vor sich, können Sie jedes einzelne Kind fragen, wie es ihm geht. Die Kinder haben in den Stunden vorher die **gestischen Zeichen** zu den einzelnen Worten gelernt. *(Wie geht es Dir? Mir geht es gut. Mir geht es schlecht. Ich bin müde.)*

    Unterrichten Sie eine größere Gruppe, verwenden Sie andere Methoden, die rascher durchführbar sind.
    - Sie haben zum Beispiel ein Band, auf dem die Kinder mit einer Wäscheklammer zeigen, wie gut sie heute „drauf" sind. Je höher, desto besser geht es ihnen oder desto glücklicher, zufriedener etc. sind sie. Auf der Holzwäscheklammer steht der Schülername.
    - Sie können auch einen langen Papierstreifen nehmen, auf den verschiedene Gesichter geklebt sind, die unterschiedliche Gefühle ausdrücken. Die Kinder nehmen nun wieder ihre Wäscheklammer und ordnen sich selbst zu. So erhalten Sie ein Stimmungsbarometer der Gruppe.
- **Prozess-Symbole:** Bewährt haben sich **Symbolkarten zu den wichtigen Prozessschritten** (vgl. S. 113 und S. 107–108) der Stunde. Sie befestigen die Symbolkarten, die Sie für die Stunde heute benötigen, an der Tafel. Die Schüler erkennen dadurch den Ablauf der Stunde bzw. der Doppelstunde und wissen, worauf sie sich heute einlassen können bzw. müssen.

Die vorliegenden Stundenskizzen sind aus Doppelstunden entstanden und auch für Doppelstunden entworfen. Es ist genauso möglich, Einzelstunden daraus zu halten. In den Stundenplänen finden Sie eine Orientierung, an welcher Stelle sich eine Einzelstunde abgrenzen lässt.
Wenn Sie schon vor der Stunde Zeit hatten, dann hängen Sie, wenn es möglich ist, die Symbolkarten an eine Tafelseite und klappen diese nun auf.

(2) Das Gebet, seine Vorbereitung und Durchführung

Ist der Ablauf der gegenwärtig geplanten Stunde(n) den Schülern klar, verteilen Sie die **Aufgaben zum Aufbau des Gebetskreises**. Auch er sollte in jeder Stunde durchgeführt werden, sodass die Kinder wissen, was sie alles benötigen. Hierfür können die Symbolkarten ganz hilfreich sein. Eine Übersicht bietet die Registerkarte „Gebet und Segnung", S. 114.

a) Vorbereitung des Gebetsplatzes

Der Platz für das Gebet kann sich in der Mitte der in U-Form gestellten Tische befinden oder vor der Tafel, wenn dort genügend Platz für alle ist. Notfalls müssen noch ein paar Tische auf die Seite geschoben werden.

Folgende **Gegenstände zur Gestaltung der Mitte** haben sich (erfahrungsgemäß) bis heute bewährt. (Wenn Sie mit Stühlen einen Sitzkreis bilden, wäre es gut einen niedrigen Tisch zu haben, auf dem Sie die Mitte gestalten können.)
- Jedes Kind findet eine **Teppichfliese**, worauf es sitzen kann. Ich bevorzuge Teppichfliesen, da Kinder zum einen gerne auch mal auf dem Boden sitzen. Zum anderen gewann ich den Eindruck, dass die Kinder dadurch „geerdeter" werden.

- Ein besonderes **Tuch für die Mitte** wird auf den Boden gelegt. In den vergangenen Jahren wurde es mir wichtig, die Farbe des Tuches nach den **liturgischen Farben des Kirchenjahres** (siehe S. 115f.) auszuwählen. So liegt während der Advents- und Passionszeit ein Tuch mit violetter Farbe, zu den Christusfesten (Weihnachten und Ostern) ein weißes Tuch, wenn die Karfreitagsgeschichte erzählt wird, ein schwarzes Tuch auf dem Boden. Für die Pfingstgeschichte habe ich ein rotes Tuch verwendet. In den weiteren Wochen liegt ein Tuch mit der Grundfarbe grün auf dem Boden. (Näheres können Sie in den Kirchengesangbüchern der jeweiligen Konfession erfahren oder S. 116)
- An dieser Stelle kann es sinnvoll sein, **christliche Symbole und Bräuche** mit in den Gebetskreis aufzunehmen.
    - Beginnen wir wieder mit der Adventszeit. 24 Teelichter bzw. Teelichthalter befinden sich während der Adventszeit auf dem Tuch und an jedem Tag wird eine weitere der 24 Kerzen entzündet. Sie können auch einen Adventskranz verwenden – nach jedem Adventssonntag wird eine Kerze mehr entflammt.
    - Da die Weihnachtszeit liturgisch erst am 2. Februar endet, habe ich nach den Weihnachtsferien, um den Kindern dies zu verdeutlichen, neben der **Jesuskerze die Krippe** als Symbol für Jesu Geburt in die Mitte stellen lassen.
    Es gibt auch Teelichthalter in Rautenform, aus denen Sie verschiedene „Figuren" legen können, wie zum Beispiel einen **Stern** (mit Schweif). Auch dieser kann in der Weihnachtszeit auf dem Tuch liegen. Verschiedene christliche Verlage bieten diese Teelichthalter aus Holz an.
    - Ein **Kreuz oder ein Kruzifix (mit Korpus)** befindet sich während der Passionszeit in der Mitte.
    - Eine besondere Kerze, die als **Osterkerze** vor allem in der Osterzeit, d.h. nach den Osterferien bis zu den Pfingstferien brennt, steht in der Mitte des Tuches. Um dem alten christlichen Brauch zu folgen, sollte diese stets nach den Osterferien erneuert werden. Wenn sie diese Kerze als sogenannte **„Jesuskerze"** verwenden wollen, dann können Sie dies natürlich über das Jahr hin tun. So befindet sich neben den anderen christlichen Symbolen stets die „Jesuskerze" im Zentrum des Tuches und wird auch als erste entzündet. (Sie finden im christlichen Buchhandel, im Internet oder in Kerzengeschäften besondere Kerzen mit christlichen Symbolen und Bildern.)
    - Zwischen den Pfingst- und den Sommerferien liegt eine **Christus-Ikone** (oder ein Christusbild) bis zu den Sommerferien in der Mitte.
    - Nach den Sommerferien, in der festarmen Zeit des Kirchenjahres, können Sie die Schüler selbst zwischen dem Kreuz und dem Jesusbild entscheiden lassen, je nachdem, was ihnen heute wichtig ist. Wie bereits oben erwähnt, steht die „Jesuskerze" während des gesamten Schuljahres im Zentrum auf dem Tuch. (Nach den Osterferien kann sie erneuert werden.)
- **Liederbücher, Liederblätter oder Liederhefte** werden auf den Teppichplatz der Kinder gelegt.
- Jedes Kind erhält ein eigenes **Teelicht**, das es anzünden darf. Um Wachsflecken zu vermeiden, habe ich kleine gläserne Unterteller für die Kinder besorgt. Diese erhalten sie preisgünstig in türkischen Läden, die auch Teegläser anbieten. Sie sind nicht nur praktisch, sondern es sieht auch hübsch aus, wenn die Teelichter auf kleinen Tellern stehen.
- Lange **Streichhölzer oder ein Feuerzeug** eignen sich zum Anzünden der Teelichter; sehr praktisch sind auch **lange, dünne Kerzen zum Anzünden der Jesuskerze** und vor allem zum Anzünden der eigenen Kerzen. Dafür können Sie in der Adventszeit Christbaumkerzen verwenden. Lange Streichhölzer oder Kerzen, erleichtern es den Kindern, die Teelichter und die Jesuskerze anzuzünden.

b) Durchführung des Gebetes:

Überlegen Sie für sich selbst, wie viel Zeit Sie in das Gebet investieren wollen. Fragen Sie sich, wie wichtig Ihnen diese andere Form des Zusammenseins ist. Was ist es Ihnen wert, dass die Kinder das Beten lernen? Das hängt sicher auch davon ab, wie bereichernd das Gebet für Sie selbst ist. Je nachdem, wie Sie diese Frage für sich beantworten, desto klarer wird sein, wie viel Zeit Sie mit der Gruppe benötigen, um dieses Gebet durchzuführen.

Die Reihenfolge im durchzuführenden Gebet ist nur ein Vorschlag, den Sie gerne verändern können.

- *Anzünden der Jesuskerze und der eigenen Teelichter:* Zuerst wird die Jesuskerze entzündet. Dazu eignet sich der Ruf: „Jesus Christus ist das Licht der Welt." Oder: „Jesus Christus spricht: Ich bin das Licht der Welt." An der Jesuskerze entzünden die Kinder ihre eigenen Kerzen als Zeichen dafür, dass sie nun das „Licht des Lebens" von Jesus bekommen und dieses „Licht" weitergeben können. Für Kinder, die es nicht gewohnt sind, Kerzen zu entzünden, ist das ein aufregender Moment. Bei geübten Kindern strahlt das Anzünden der Kerzen etwas Feierliches aus. Immer hängt dies auch von den einzelnen Kindern und ihrer Tagesform ab.
- *Singen von gemeinsamen Liedern:* Wenn Sie Gitarre spielen können, dann freut es die Kinder, wenn Sie den Gesang begleiten. Die Schüler dürfen im Gebetskreis das Lied bzw. die Lieder auswählen, die gemeinsam gesungen werden, ebenso wie viele Lieder gesungen werden.
- *Freies Gebet:* Die Kinder beten ihr eigenes, persönliches Gebet. Sie haben inzwischen gelernt, dass Gott direkt angesprochen wird („Lieber Gott", „Vater im Himmel", „Unser Vater" usw.). Anschließend formulieren sie ihre Bitte, ihren Dank oder ihre Klage. Die dafür eingeführten Satzanfänge könnten sein: „Ich bitte dich für ..." – „Ich danke dir für ..." – „Ich bin traurig über ..." oder evtl. auch „Ich bin wütend ..."
Nachdem die Kinder maximal zwei Sätze formuliert haben, beenden Sie mit einem „Amen" das Gebet. So weiß das nächste Kind, dass es an der Reihe ist. Auf diese Weise lernen die Kinder, welche drei Bereiche zu einem Gebet gehören (Anrede – Inhalt – Beendigung mit „Amen")
- *Das gemeinsam gesprochene „Vaterunser":* Nachdem alle Schüler ihr Gebet gesprochen haben, leiten Sie kurz mit einem Satz oder einigen Sätzen in das „Vaterunser" über, das alle gemeinsam sprechen.
- *Der Segen und evtl. die Salbung:* Der Segen schließt das Gebetsritual ab. Gott wird im Segen darum gebeten, dass er uns an diesem Tag und in unserem Leben begleiten möge. Dafür gibt es verschiedene Möglichkeiten und auch verschiedene Texte. Sie können den „Aaronitischen Segen" oder einen anderen Segenstext verwenden, den Sie gerne mögen (Siehe Registerkarte: „Gebet und Segnung", S. 114). Eine Alternative bildet auch der Segen im Namen des dreieinigen Gottes: „So segne uns der dreieinige Gott: Gott der Vater, der Sohn und der Heilige Geist." Wichtig ist es, dass sie eine Zeit lang immer den gleichen Segen sprechen, sodass er Ihnen und den Kindern vertraut wird.
- *Eine besondere Form des Segens, die Salbung der Kinder:* Wenn Ihnen der christliche Brauch des Salbens vertraut ist, dann salben Sie die Kinder von Zeit zu Zeit oder bei besonderen Anlässen. Die Kinder werden Sie oft nach diesem Ritual fragen, wenn Sie es einmal eingeführt haben. Meine Praxiserfahrung mit dem Zeichen der Salbung zeigt, dass nicht alle Kinder es mögen, wenn sie berührt werden. Manche empfinden auch den Duft des Salböls als unangenehm. Das **Salbungsritual** umfasst folgende Schritte:
Zuerst frage ich jedes Kind einzeln, was es möchte.
Wenn ein Kind mit der Berührung und dem Öl kein Problem hat, dann spreche ich das Kind an und den Segen aus:
„(Name des Kindes), ich segne und salbe dich auf den Namen des dreieinigen Gottes." Dabei zeichne ich mit dem Öl ein Kreuz auf die Stirn.
„ ... auf Gott den Vater, der dich von Anfang an liebt (oder geliebt hat)." Bei dieser Formel ruht der Finger mit dem Öl auf der Stirnmitte des Kindes.
„ ... auf Jesus Christus, seinen Sohn, der wie ein Freund (oder wie ein großer Bruder) für dich ist." Der Finger mit dem Öl ruht in der linken Hand.
„ ... und auf den Heiligen Geist, der dir heute Frieden schenken möge." Der Finger ruht in der rechten Hand.
Beide Hände werden jetzt zusammengeführt: *„Schalom. Friede sei mit dir!"*
Das Kind antwortet: *„Schalom"* oder *„Amen"*.

c) Allgemeines zum Gebet:
Während der Doppelstunden ist es kein Problem, sich 15–20 Minuten Zeit für das Gebet am Anfang der Stunden zu nehmen. In Einzelstunden lässt sich das nicht durchführen. Möglich ist es, während einer Themeneinheit zu Beginn und am Ende das ausführliche Gebetsritual durchzuführen. Nehmen Sie sich für das Beten dann aber Zeit.

Das Einüben in diese Form von Gebet lässt die Kinder auch mit Formen des Gottesdienstes vertraut werden. Denn das Gebetsritual verwendet bewusst liturgische Elemente aus dem Gottesdienst: gemeinsames Singen von Liedern, Fürbitt- und Dankgebet, das Vaterunser und schließlich den Segen. Je vertrauter die Schüler mit den liturgischen Elementen eines Gottesdienstes sind, desto ruhiger werden sie dann auch während des (Schul-)Gottesdienstes sein. Denn das Wiedererkennen bekannter Elemente des unterrichtlichen Gebetsrituals im Gottesdienst hilft den Schülern, sich auf die Inhalte des Gottesdienstes zu konzentrieren. Sie können sich auf sie einlassen und sind nicht damit beschäftigt, die unvertrauten und unbekannten Situationen im Gottesdienst zu assimilieren. Angst und Unsicherheit wird ihnen durch das kontinuierliche Einüben des Gebetes im Religionsunterricht genommen. Dafür benötigt es Zeit. Deshalb bietet sich das Gebetsritual als längerfristiges Ziel (über ein paar Schuljahre hinweg) in der ökumenischen Zusammenarbeit an.

(4) Spiel, Körperübung, kreative Verarbeitung, Arbeitsblatt
Hierzu finden Sie alles Erforderliche in den Stundenplänen zu den sechs Doppelstunden. Die Arbeitsblätter sind als Kopiervorlagen auf S. 88–95 abgedruckt.

(5) Das Abschiedsritual
Mit der Begrüßung und dem Gebet wird die Doppelstunde eingeleitet. Das Abschlussritual hilft den Kindern, sich von dem zu verabschieden und zu lösen, was sie gerade erlebt, erfahren, gehört und gesehen haben. Dadurch können sie sich leichter auf die kommende Stunde, Pause bzw. Zeit einlassen. Das Ritual zur Verabschiedung von der Unterrichtsstunde hat also wieder eine „Brückenfunktion" (Siehe Registerkarte: „Abschiedsritual", S. 112).

Die einfachste Möglichkeit der Gestaltung besteht darin, dass alle gemeinsam einen **Abschiedsgruß** sprechen und dann auseinandergehen: *„Auf Wiedersehen alle miteinander!"*

Eine andere, etwas **persönlichere Form des Abschiedsrituals** kann sein: Jedes Kind wird an seinem Platz oder an der Türe mit Handschlag verabschiedet. Dabei bietet sich die Chance, dem Kind einen **aufbauenden, motivierenden oder wertschätzenden Satz** mit auf den Weg zu geben.

Eine dritte Art des Verabschiedens ist ein (einfaches) **Abschiedslied** oder ein Vers aus einem **Segenslied**.

Haben Sie am Ende der Stunde noch Zeit, dann können Sie ein **wertschätzendes Ritual** einführen. Jedes Kind sagt dem anderen, was es heute am anderen sehr geschätzt hat. Dafür kann ein Ball zugespielt werden, ein wertvoller Stein oder ein „goldener" Gegenstand" weitergereicht werden. Wichtig ist dabei, dass jedes Mitglied der Lerngruppe einbezogen ist. Es darf dabei nur Wertschätzendes gesagt werden. Das ist für die Kinder anfangs ungewohnt, da sie selten lernen, anderen Menschen gegenüber auszudrücken, was ihnen gut tut, gefällt und wie sie sich durch den anderen bereichert erleben. Im werteorientierten Unterricht ist das ein wichtiges Element, das vermehrt eingeübt werden soll. Wertschätzende Begegnung im Unterricht gezielt einzubauen und erlebbar zu machen, ist ein Ziel, das den Erfahrungsraum des gemeinsamen Lebens und Glaubens bereichert. Durch solche Erlebnisse können die Kinder das Reich Gottes ein Stück weit real erfahren.
Vielleicht ist es Ihnen wichtig, am Ende der (Doppel-)Stunde die **Kinder zu segnen**. Dies kann in Form eines **gemeinsamen Segensspruches** geschehen oder indem jedes Kind einzeln mit einem **Kreuzzeichen auf der Stirn** beim Hinausgehen bezeichnet wird.

3.2 Ich bin anders: Die Ausgangssituation von Maria Magdalena

1. Doppelstunde: Ich bin anders.

Gesamtziel	**Ziel der Doppelstunde:** Die Schüler[1] erkennen anhand der Figur Maria Magdalenas, wie Hoffnung die (Lebens-)Haltung verändern kann.
Feinziele	(a) Die Schüler werden sich bewusst, dass ein Leben mit Krankheit zur Zeit Jesu Auswirkungen auf das soziale Leben hatte.
	(b) Die Schüler benennen konkrete Wünsche, die Maria Magdalena hat.
	(c) Die Schüler erfahren, wie Hoffnung die (Lebens-)Haltung verändern kann.
Ablauf • Begrüßung • Gebet • Erzählung 1, S. 71–73 • Kleingruppenarbeit (AB 1A) • Kleingruppenarbeit (AB 1B) • Kleingruppenarbeit • Ritual	(1) Begrüßungsritual (5 min) (2) gemeinsames Gebet (15–20 min) (3) Erzählung 1: Ich bin anders. Aber ich will leben. (15 min) (4) Kleingruppenarbeit zur Frage: „Welche Auswirkungen haben die Krankheiten auf das Leben Marias?" (Sammeln der Auswirkungen; 10 min) (5) Kleingruppenarbeit zur Frage: „Welche Wünsche hat Maria?" (15 min) (6) Übertragen der Ergebnisse auf Arbeitsblatt 1A/1B Ausmalen Bild 1 (20 min); 1. Seite des Maria-Magdalena-Heftes (7) Abschlussritual

---

[1] Schüler = Schüler und Schülerin (Schüler/Schülerinnen)

Ankommen Wahrnehmen • Begrüßung • Gebet	**Ankommen und Wahrnehmen** (1) Das **Begrüßungsritual** wiederholt sich als fester Baustein zu Beginn jeder Stunde (Registerkarte, S. 111, 112). (2) Das *gemeinsame Gebet* gehört in die Anfangsphase der Doppelstunde oder auch in die erste der zwei Einzelstunden während der Woche. Zum genauen Verlauf des Gebetes, siehe S. 27–30; Registerkarte, S. 114
Begegnung • Erzählung 1, S. 71–73 • Erzählfiguren *Maria Magdalena* *Sarah* *Susanna*	(3) Die *Erzählung* wird möglichst in freiem Vortrag gestaltet. So wirkt sie lebendiger als beim Vorlesen. Die Regeln für eine gute Erzählung finden Sie zusammengefasst auf S. 117–120 Die Verwendung von Erzählfiguren intensiviert den Eindruck bei den Schülern. Für die Erzählung zur vorliegenden Stunde halten Sie **Maria Magdalena, Sarah** und die Mutter Sarahs, **Susanna**, bereit. Geben Sie den Schülern Zeit, die Eindrücke aus der Geschichte zu verbalisieren. Die Kinder artikulieren, was sie aufgrund der Geschichte beschäftigt oder sie stellen Fragen. Auch Schweigen kann ein Ausdruck der Auseinandersetzung mit der Erzählung sein. Dann ist es wichtig, der Stille Raum zu geben – evtl. ein Klanginstrument – und die Stille auszuhalten. Anschließend führen Sie die Schüler zum nächsten Gedankenschritt.
Verarbeitung • Überleitung • Kleingruppenarbeit • Sanduhr, Klanginstrument	Die Schüler setzen sich mit den sozialen Auswirkungen von Krankheit auf den Einzelnen in biblischer Zeit auseinander. Es wird ihnen bewusst, was es zur Zeit Jesu bedeutet, krank zu sein. Überleitung: *Maria Magdalena hat vieles erlebt, seit sie krank ist.* *Überlegt euch zu dritt/viert, was sich in ihrem Leben verändert hat, seit sie krank ist.* Die Schüler finden sich selbst zu Gruppen zusammen oder Sie geben Gruppen vor. Sie können dann Kinder mit ähnlichem Leistungsniveau in dieselbe Gruppe einteilen. Dadurch wird eine Differenzierung der jeweiligen Aufgabenzuweisungen möglich. (4) **Thema: Soziale Auswirkungen von Krankheit auf den Menschen** *Lehrkraft: Sanduhr oder Klanginstrument (Schale, Glocke)* *Ist die Sanduhr zweimal durchgelaufen oder erklingt der Ton, dann geht ihr wieder in den Sitzkreis oder auf euren Platz zurück.*
Ergebnis • Murmelgruppe	Bei einer Einzelstunde: Ergebnissicherung mit Arbeitsblatt 1A, Bild 1, TA *Soziale Auswirkungen von Krankheit auf Menschen* Die Kleingruppen arbeiten in **Murmelgruppen** zusammen. Die Lautstärke innerhalb der Gruppe darf die gesamte Arbeitsatmosphäre nicht stören. Nach ca. **5 min** kehren die Schüler in den Sitzkreis oder auf ihre Plätze zurück. Dort wird weitergearbeitet.

• **Tafelanschrift**	In der Zwischenzeit gestalten Sie die Tafelanschrift (TA): **Maria Magdalena hat Vieles erlebt, seit sie krank ist.** (Alternativ: Overheadfolie) Die Antworten der Kinder werden gesammelt und unter den Satz an der Tafel oder auf der Folie festgehalten.
Verabschiedung	Bei einer Einzelstunde: (7) Abschiedsritual: *..., danke für deine Hilfe, für dein Lachen, für deine Ruhe, für deine Aufmerksamkeit, für deine Sorge um ...*
Vertiefung	Bei einer Doppelstunde: **(5) Vertiefungsphase: Hoffnungen und Wünsche von Maria Magdalena**
• **Plenum** *Impuls 1:* *Träume, Hoffnungen*	*Lehrkraft: Maria Magdalena musste viel Schlimmes erfahren, seitdem sie krank ist.* – Hier können die Auswirkungen der Krankheit aus (4) wiederholt werden. – *Sie hatte aber auch Träume und Hoffnungen.* *So findet sie in ihrem Herzen neben dem schwierigen Leben noch etwas anderes, nämlich etwas Wertvolles und Hoffnungsvolles.* *Du kannst dich bestimmt erinnern, **wovon sie manchmal träumte*** (siehe: Erzählung 1, S. 71 f.). Abwarten der Schülerantworten
Impuls 2: *Konkretisierung*	*Lehrkraft: Maria hoffte, träumte und wünschte sich Verschiedenes. Nenne mir einen Wunsch, einen Traum, eine Hoffnung Marias!* Abrufen einer Schüleraussage
• **Kleingruppenarbeit mit gelenktem Gespräch**	*Lehrkraft: Geht nun noch einmal in eure kleine Arbeitsgruppe. Überlegt euch, welche Wünsche und Träume Maria Magdalena hatte.* Sammeln der Antworten
Ergebnis	**(6) Wünsche und Träume Maria Magdalenas**
• **Überleitung**	Überleitung zur Ergebnissicherung: *Wir haben jetzt viele Wünsche und Träume kennengelernt. Damit sie nicht verloren gehen, schreiben wir sie auf die erste Seite unseres Maria-Magdalena-Hefts (Bild 1).*
• **Ergebnissicherung AB 1B, Bild 1, TA**	Arbeitsblatt 1B, Bild 1 Eintragen der Ergebnisse und evtl. Ausmalen von Bild 1

Verabschiedung • Überleitung • Bestätigung Ermutigung	**(7) Verabschiedung** Sie verabschieden sich von den Kindern mit einem Ritual und entlassen sie (siehe: Registerkarte, S. 112). *Lehrkraft: Es wird Zeit, uns zu verabschieden.* *Wer mit seinem Eintrag nicht fertig wurde, erledigt ihn als Hausaufgabe.* *Räumt bitte alles auf. Nehmt eure Arbeitssachen mit.* *Ist noch ausreichend Zeit, können sich die Kinder gegenseitig aufbauende Sätze zusprechen.* *Beispiele:* *..., heute hast du einen tollen Satz gesagt.* *..., heute hast du deinem Mitschüler einfach von dir aus geholfen. Das empfand ich als sehr gut.* *..., mir ist aufgefallen, wie sehr du dich heute bemüht hast, dein Arbeitsblatt ordentlich zu gestalten. Prima!* *..., heute bemerkte ich, wie glücklich, wie traurig, wie ärgerlich du warst. Wenn du willst, kannst du mir erzählen, warum.* *..., mir fiel auf, dass du heute etwas Neues anhast, ein neues Spielzeug dabei hast.* *..., ich danke dir für dein Lachen, deine Hilfe, deine Sorge um ..., deine Ruhe, deine Aufmerksamkeit ...*

3.3 Jesus sieht mich! – Bei Jesus bin ich angesehen! Maria Magdalenas Wege mit Jesus

2. Doppelstunde: Ich werde wertgeschätzt. Ich bin wertvoll. Ich bin wer!

Gesamtziel	**Ziel der Doppelstunde:** Die Schüler erfahren, dass der Mensch sich durch Wertschätzung verändern kann.
Feinziele	(a) Die Schüler lernen die Geschichte der Heilung von Maria Magdalena kennen. (b) Die Schüler erklären die Folgen der Heilung für Maria Magdalenas Leben und für deren Entscheidungen. (c) Die Schüler verstehen, wodurch sich Maria Magdalenas Leben verändert hat. (d) Die Schüler erfahren, dass auch sie wertgeschätzt werden können. (e) Die Schüler formulieren wertschätzende Sätze und wenden Wertschätzung auf andere Menschen an.
Ablauf • **Begrüßung** • **Gebet** • **Erzählung 2, S. 74 ff.** • **Kleingruppenarbeit** • **Plenum** *Satzstreifen* • **Sitzkreis/ Kleingruppenarbeit** • **Ergebnis AB 2, Bild 2** • **Ritual**	(1) Begrüßungsritual (5 min) (2) gemeinsames Gebet (15–20 min) (3) Erzählung 2: Ich werde wertgeschätzt. Ich bin wertvoll. Ich bin wer! (15 min) (4) Kleingruppenarbeit zur Frage: *„Wie wirkt sich die Heilung auf das Leben Maria Magdalenas aus?"* (Sammeln der Antworten; 10 min) (5) Themenfrage für das Plenum: *„Wodurch änderte sich das Leben Marias?"* Jedes Kind erhält einen „Satzstreifen" mit einem wertschätzenden Satz („Ermutigungssatz"), 10 min. (6) Sitzkreis/Kleingruppenarbeit: Finden von „Ermutigungssätzen" für Mitschüler, Eltern, Lehrkräfte Formulieren und Aufschreiben der Sätze (ca. 15 min) (7) Ergebnissicherung: Eintrag des Erlernten in das Arbeitsblatt 2 (ca. 10 min), evtl. Ausmalen des Bildes 2 (2. Seite des Maria Magdalena-Heftes) (8) Abschlussritual (5 min)

Ankommen Wahrnehmen • Begrüßung • Gebet	**Ankommen und Wahrnehmen** (1) Das *Begrüßungsritual* wiederholt sich als fester Baustein zu Beginn jeder Stunde. (2) Das *gemeinsame Gebet* gehört in die Anfangsphase der Doppelstunde oder auch in die erste der zwei Einzelstunden während der Woche. Der genaue Verlauf des Gebets wurde auf S. 27–30 beschrieben.
Begegnung • Erzählung 2, S. 74 ff. • Erzählfiguren *Maria Magdalena* *Sarah* *Susanna* *Jesus* *2 bis 3 Männer*	(3) Die *Erzählung* wird möglichst in freiem Vortrag gestaltet. So wirkt sie lebendiger als beim Vorlesen. Die Regeln für eine gute Erzählung finden Sie zusammengefasst auf S. 117–120. Die Verwendung von Erzählfiguren intensiviert den Eindruck bei den Schülern. Für die Erzählung zur vorliegenden Stunde halten Sie **Maria Magdalena, Sarah, Susanna, Jesus, 2 bis 3 Männer** bereit. Geben Sie den Schülern Zeit, die Eindrücke aus der Geschichte zu verbalisieren. Die Kinder artikulieren, was sie aufgrund der Geschichte beschäftigt oder sie stellen Fragen. Auch Schweigen kann ein Ausdruck der Auseinandersetzung mit der Erzählung sein. Dann ist es wichtig, der Stille Raum zu geben – evtl. ein Klanginstrument – und die Stille auszuhalten. Anschließend führen Sie die Schüler zum nächsten Gedankenschritt.
Verarbeitung • Überleitung Impuls • Kleingruppenarbeit • Sanduhr, Klanginstrument	Die Schüler setzen sich nun bewusst mit der Heilung durch Jesus auseinander. Dadurch beginnt die Verarbeitung der verschiedenen Begegnungen in der Erzählung. *Maria Magdalenas Leben hat sich durch die Heilung sehr verändert. Überlegt euch zu dritt/viert, was sie alles leben/tun kann, seit sie wieder so gesund ist!* Die Schüler finden sich selbst zu Gruppen zusammen oder Sie geben Gruppen vor. Sie können Schüler mit ähnlichem Leistungsniveau in dieselbe Gruppe einteilen. Dadurch wird eine Differenzierung der jeweiligen Aufgabenzuweisungen möglich. Wenn Sie leistungsstärkere mit schwächeren Kindern zusammenarbeiten lassen, dann achten Sie auf eine wertschätzende Gruppensituation: Die Kinder mit umfassenderem Wissen sollten die schwächeren und leiseren Kinder ermutigen und nicht dominieren. (4) **Thema: Auswirkungen der Heilung durch Jesus auf Marias Leben** *Sanduhr oder Klanginstrument (Schale, Glocke)* Lehrkraft: *Ist die Sanduhr zweimal durchgelaufen oder erklingt der Ton, dann geht ihr wieder in den Sitzkreis oder auf eure Plätze zurück.*

Ergebnis • **Murmelgruppe**	Bei einer Einzelstunde: Die Kleingruppen arbeiten in **Murmelgruppen** zusammen. Die Lautstärke innerhalb der Gruppe darf die gesamte Arbeitsatmosphäre nicht stören. Nach ca. **5 min** kehren die Schüler in den Sitzkreis oder auf ihre Plätze zurück. Dort wird weitergearbeitet.
• **Tafelanschrift**	In der Zwischenzeit gestalten Sie die Tafelanschrift: **Maria Magdalena kann Vieles machen, seit sie von Jesus geheilt ist.** (Alternativ: Overheadfolie) Die Antworten der Kinder werden gesammelt und unter den Satz an der Tafel geschrieben (oder auf der Folie festgehalten).
Verabschiedung	Bei einer Einzelstunde: (8) Abschiedsritual: ..., *danke für deine Hilfe, für dein Lachen, für deine Ruhe, für deine Aufmerksamkeit, für deine Sorge um ...*
Vertiefung • **Plenum /Sitzkreis**	Bei einer Doppelstunde: (5) **Vertiefungsphase: Wertschätzung kann das Leben anderer Menschen verändern.** *Lehrkraft: Maria Magdalena wurde von Jesus geheilt. Nun ist sie wieder gesund. Sie kann Vieles von dem tun, was sie sich vorher wünschte.* – Hier können die Tätigkeiten, Auswirkungen und Einstellungen aus (4) wiederholt werden. – *Maria Magdalena hat sich entschieden, das Leben mit Jesus und seinen Freunden zu teilen. Was hat sie so verändert, dass sie nun ein ganz anderes Leben als vorher* **führen kann** *und* **führen will***?* Abwarten der Schülerantworten.
• **Gelenktes Gespräch** *Impuls 1:* *Empathie*	*Lehrkraft: Erzähle mir doch einmal, wie Jesus mit Maria Magdalena umgegangen ist? Was hat er vielleicht mit ihr gesprochen?* Abwarten der Schülerantworten
Impuls 2: *Ermutigungssätze finden und verbalisieren* • **Partnerarbeit** *Satzstreifen*	*Lehrkraft: Jesus wandte sich Maria ganz zu. Er wusste, was sie braucht und was ihr gut tut. Er hat sie angesehen und gefragt. Jesus schenkte ihr Sätze, die ihr Mut machten.* *Ich denke, dass auch du solche Ermutigungssätze kennst.* *Überlege dir kurz zusammen mit deinem Nachbarn einen Satz, der dir gut tut und der dir Mut macht.* (6) **Ermutigungssätze drücken Wertschätzung aus.** *Lehrkraft: Jesus heilte Maria Magdalena. Und er schenkte ihr Ermutigungssätze. Die können wir nur von anderen geschenkt bekommen. Dann helfen sie uns.*

• **Ermutigungssätze überreichen**	*Auch ich schenke dir heute so einen Satz, der dir Mut macht. Zu Hause habe ich mir für dich einen Ermutigungssatz überlegt. Den überreiche ich dir jetzt. Damit du ihn nicht vergisst, erhältst du von mir einen Satzstreifen (Papierstreifen zum Einstecken, Stoffstreifen zum Tragen um das Handgelenk, Gegenstand zum Aufstellen ...)* – *Namen des Schülers nennen* – *Vortrag des jeweilgen Ermutigungssatzes* – *Überreichen des Satzstreifens, Stoffstreifens, Gegenstandes*
• **Verarbeiten** • **Sichern**	Die Kinder erhalten persönlich den vorbereiteten Satz, der durch ein Symbol (Papier-, Stoffherz, schöner Stein, Teelicht, Stern ...) unterstrichen wird. Die Kinder brauchen nun etwas Zeit, um die Geste und den Ermutigungssatz zu verarbeiten. Lassen Sie dann den Satz, das Symbol an einen sicheren und guten Platz legen (Heft, Federmäppchen, Anlegen um das Handgelenk ...).
Impuls 3: *Wirkung der* *Ermutigung* • **Schülerbericht**	*Lehrkraft: Maria erlebte, dass Jesus sie mag. Er heilte sie und schenkte ihr Ermutigungssätze. Auch du hast gerade erfahren, dass Ermutigungssätze dir gut tun. Vielleicht spürst du ja auch schon eine Veränderung bei dir. Erzähle kurz davon ...* Schüler berichten von ihren Gefühlen während des Satzstreifenrituals (Freude, Wachheit, Aufregung ...).
• **Ideensammlung**	*Lehrkraft: Ermutigungssätze tun gut. Auch du kannst anderen Menschen diese Erfahrung schenken, wenn du ihnen einen Ermutigungssatz zusprichst. Überlege jetzt, wer dir wichtig ist, und wem du gerne einen solchen Ermutigungssatz schenken möchtest!* Schüleraussagen sammeln: Eltern, Freunde, Geschwister, Lehrer ...
• **Gestalten von Ermutigungssätzen**	*Lehrkraft: Du kannst jetzt einen eigenen Ermutigungssatz aufschreiben. Dafür habe ich dir Satzstreifen (Papierherz, Papierstern, Stoffstreifen) mitgebracht.* *Du kannst alleine oder mit deinem Nachbarn einen Satz schreiben. Auch ich kann dir helfen.* *Geh nun zu deinem Platz und formuliere deinen Satz.* Für Schüler, die Hilfe benötigen, ist es sinnvoll, Satzanfänge an die Tafel zu schreiben.
• **Ausarbeitung**	Möglichst selbstständig erarbeiten die Kinder ihre Sätze. – Formulierung von Ermutigungssätzen für andere – Vorlesen der Ermutigungssätze – Verschenken der Ermutigungssätze

Ergebnis	**(7) Maria beginnt ein neues Leben mit einem Ermutigungssatz.**
• Überleitung	Überleitung zur Ergebnissicherung: *Wir haben heute/in dieser Woche gehört, dass Maria Magdalena die Ermutigungssätze Jesu geholfen haben, ihr Leben zu verändern. Ganz wichtig war es auch, dass Jesus zu ihr ging und sie heilte. Maria entschied sich dabei für ein Leben mit Jesus. So führte sie ein völlig anderes und völlig neues Leben.*
• Ergebnissicherung Bild 2	*Das schreiben wir auf der zweiten Seite in unserem Maria-Magdalena-Heft auf* (Bild 2). *So vergessen wir es nicht.* Eintrag in Bild 2
Verabschiedung	Sie verabschieden sich von den Kindern mit einem Ritual und entlassen sie. **(8) Abschlussritual: Ermutigung und Wertschätzung**
• Bestätigung Ermutigung	*Beispiele:* *..., heute hast du einen tollen Satz gesagt.* *..., heute hast du deinem Mitschüler einfach von dir aus geholfen. Das empfand ich als sehr gut.* *..., mir ist aufgefallen, wie sehr du dich heute bemüht hast, dein Arbeitsblatt ordentlich zu gestalten. Prima!* *..., heute bemerkte ich, wie glücklich, wie traurig, wie ärgerlich du warst. Wenn du willst, kannst du mir erzählen, warum.* *..., mir fiel auf, dass du heute etwas Neues anhast, ein neues Spielzeug dabei hast.* *..., ich danke dir für dein Lachen, deine Hilfe, deine Sorge um ..., deine Ruhe, deine Aufmerksamkeit ...*

3.4 Durch Jesus bin ich wertvoll!: Der Einzug Jesu in Jerusalem

3. Doppelstunde: Ich freue mich mit dir.

Gesamtziel	**Ziel der Doppelstunde:** Die Schüler lernen, Freude auszudrücken.
Feinziele	(a) Die Schüler lernen die Geschichte vom Einzug in Jerusalem kennen. (b) Die Schüler benennen die Unterschiede zwischen Jesus als König und, wie sie sich selbst einen König vorstellen. (c) Die Schüler erleben, dass auch sie Königinnen oder Könige sein können. (d) Die Schüler drücken ihre Freude aus und schenken sie weiter.
Ablauf • Begrüßung • Gebet • Erzählung 3, S. 77 f. • Kleingruppenarbeit • Sicherung, AB 3A/3B • Kleingruppenarbeit • Hausaufgabe: Bild 3 • Ritual	(1) Begrüßungsritual (5 min) (2) gemeinsames Gebet (15–20 min) (3) Erzählung 3: Ich freue mich! Ich freue mich mit dir! (ca.15 min) Hinführendes Unterrichtsgespräch zum spezifischen Königtum Jesu. (4) Kleingruppenarbeit zur Frage: *„Was unterscheidet Jesus von anderen Königen?* (Sammeln der Unterschiede; 10 min) (5) Ergebnissicherung auf dem Arbeitsblatt 3A (10 min) (6) Nachspielen der Szene: „Einzug Jesu in Jerusalem" Lied: *„Jesus zieht in Jerusalem ein"* (15 min) (7) Herstellen von Königskronen (15 min) (8) Hausaufgabe: Fertigstellen (Formulieren, Ausmalen) des Bildes 3 (3. Seite des Maria-Magdalena-Hefts) oder der Krone (9) Abschlussritual (5 min)

Ankommen Wahrnehmen • Begrüßung • Gebet	**Ankommen und Wahrnehmen** (1) Das *Begrüßungsritual* wiederholt sich als fester Baustein zu Beginn jeder Stunde. (2) Das *gemeinsame Gebet* gehört in die Anfangsphase der Doppelstunde oder auch in die erste der zwei Einzelstunden während der Woche. Der genaue Verlauf des Gebets wird auf S. 27–30 beschrieben.
Begegnung • Erzählung 3, S. 77 f. • **Erzählfiguren** *Maria Magdalena Sarah Jesus Esel weitere Personen*	(3) Die Erzählung wird möglichst in freiem Vortrag gestaltet. So wirkt sie lebendiger als beim Vorlesen. Die Regeln für eine gute Erzählung finden Sie zusammengefasst auf S. 117–120. *Die Verwendung von Erzählfiguren intensiviert den Eindruck bei den Schülern. Für die Erzählung zur vorliegenden Stunde halten Sie* **Maria Magdalena, Sarah, Jesus, einen Esel, weitere Personen** *bereit.* Geben Sie den Schülern Zeit, die Eindrücke aus der Geschichte zu verbalisieren. Die Kinder artikulieren, was sie aufgrund der Geschichte beschäftigt oder sie stellen Fragen. Auch Schweigen kann ein Ausdruck der Auseinandersetzung mit der Erzählung sein. Dann ist es wichtig, der Stille Raum zu geben – evtl. ein Klanginstrument – und die Stille auszuhalten. Anschließend führen Sie die Schüler zum nächsten Gedankenschritt.
Verarbeitung • **Überleitung** *Impuls* • **Kleingruppenarbeit** *Impuls 1 Merkmale für Jesu Königtum*	Die Schüler erarbeiten die Unterschiede zwischen dem Königtum, wie Jesus es versteht, und dem üblichen Verständnis von Königen. Überleitung: *Maria freute sich sehr über diesen Tag. Was war wohl das Wichtigste für Sie?* Antwortziel: Jesus ist König. Die Schüler finden sich selbst zu Gruppen zusammen oder Sie geben Gruppen vor. Sie können Schüler mit ähnlichem Leistungsniveau in dieselbe Gruppe einteilen. Dadurch wird eine Differenzierung der jeweiligen Aufgabenzuweisungen möglich. Wenn Sie leistungsstärkere mit schwächeren Kindern zusammenarbeiten lassen, dann achten Sie auf eine wertschätzende Gruppensituation: Die Kinder mit umfassenderem Wissen sollten die schwächeren und leiseren Kinder ermutigen und nicht dominieren. (4) **Thema: Unterschiede zwischen Jesus als König und den üblichen Königen** *Lehrkraft: Jesus ist der neue König. Deshalb machen wir uns heute Gedanken über Jesus. Du kannst an bestimmten Dingen erkennen, dass Jesus kein normaler König ist.* *Benenne mir eines davon!* Abrufen einer Schülerantwort

Impuls 2 *Unterschiede zu* *anderen Königen* *Satzstreifen* *Stifte* *Sanduhr/* *Klanginstrument*	*Lehrkraft: Überlegt euch zu dritt oder viert, was bei König Jesus anders ist – im Vergleich zu Königen, die ihr kennt. Schreibt jedes Wort dafür, woran ihr einen König erkennen könnt, auf einen Satzstreifen. (7 min)* *Sanduhr oder Klanginstrument (Schale, Glocke)* *Lehrkraft: Ist die Sanduhr zweimal durchgelaufen oder erklingt der Ton, dann geht ihr wieder in den Sitzkreis oder auf euren Platz zurück.*
Ergebnis • **Murmelgruppe** • **Tafelanschrift** • **Arbeitsblatt** **(AB 3A/Bild 3)**	Bei einer Einzelstunde: Die Kleingruppen arbeiten in **Murmelgruppen** zusammen. Die Lautstärke innerhalb der Gruppe darf die gesamte Arbeitsatmosphäre nicht stören. Nach ca. **7 min** kehren die Schüler in den Sitzkreis oder auf ihre Plätze zurück. Dort wird weitergearbeitet. In der Zwischenzeit gestalten Sie die Tafelanschrift: **Maria Magdalena freut sich mit Jesus. Er ist der neue König.** (Alternativ: Overheadfolie) Die Antworten der Kinder werden gesammelt und unter der TA oder auf der Folie festgehalten. Sie übertragen dies auf AB 3A und Bild 3 (Seite 3 des Maria-Magdalena-Heftes)
Verabschiedung	Bei einer Einzelstunde: (9) *Abschiedsritual: …, danke für deine Hilfe, für dein Lachen, für deine Ruhe, für deine Aufmerksamkeit, für deine Sorge um …*
Sicherung • **Arbeitsblatt (AB 3B)** **Vertiefung** • **Überleitung** • **Gelenktes Gespräch**	(5) Ergebnissicherung zum Thema: Jesus als König *Lehrkraft: Wir wissen nun, woran man einen König erkennen kann. Jesus war ein anderer König. Trotzdem erkannte Maria Magdalena, dass Jesus ihr neuer König ist. Darüber freute sie sich sehr. Das schreiben wir auf AB 3B auf.* Bei einer Doppelstunde: (6) **Vertiefungsphase: Ich erlebe es, selbst eine Königin oder ein König zu sein.** *Lehrkraft: Wir wissen nun, dass Könige unterschiedlich sein können. Die Menschen erlebten Jesus als König anders als die Könige, die sie kannten. Trotzdem freuten sie sich mit Jesus. Gute Könige sind für die Menschen wichtig. Deswegen freuen sich Menschen über sie.* *Immer wieder träumen Menschen davon, selbst einmal eine Königin oder ein König zu sein. Warst du schon einmal eine Königin, ein König? Hast du dich schon einmal wie eine Königin, wie ein König gefühlt?* Zwei oder drei Schülererzählungen *Lehrkraft: Wenn ich mich wie ein König fühle, wie gehe ich dann? Wer macht uns das vor?* Schüler zeigen den königlichen Gang: stolz, aufrecht, langsam, winkend … *Lehrkraft: Heute werdet auch ihr einmal Königinnen und Könige sein.*

• **Rollenspiel: Der Einzug in Jerusalem** • **Lied** • **Umdichten des Liedverses**	*Wir spielen das: Einen königlichen Umhang und eine Krone brauchen wir dafür.* *Könige ziehen meist mit Musik einher. Deswegen singen wir (lernen wir) das Lied: „Jesus zieht in Jerusalem ein." (siehe S. 121.)* *Ihr seid ja die Könige: Deshalb setzen wir statt „Jesus" deinen Namen ein, z. B. Micha, Tobias, Lena ...* *Anstelle von Jerusalem wählen wir den Namen unserer Schule, Gemeinde ...* Es wird jeweils nur der erste Vers des Liedes auf diese Weise gesungen. Die Lehrkraft und die anderen Schüler stellen sich so auf, dass eine Gasse entsteht. Durch sie kann die Königin, der König hindurchschreiten. Die Lehrkraft und die Kinder winken singend der Königin, dem König zu. Wichtig: Jedes Kind soll die Chance haben, Königin oder König zu sein. Manche Schüler müssen für das Rollenspiel motiviert werden. Das Rollenspiel endet mit dem Abstreifen der königlichen Rolle. Sie wird mit beiden Händen den ganzen Körper entlang wie Regen oder Staub abgeschüttelt und abgestreift.
Kreative Verarbeitung • **Überleitung** **Material** • **dickes, warmgelbes Tonpapier** • **Glitzerfolie (selbstklebend)** • **Farbstifte oder Wachsmalkreiden** • **Scheren, Kleber** • **Vorlage einer Krone (KV S. 105)**	(7) Die Kinder gestalten eine Krone (KV, S. 105). Sie drücken dadurch die Einmaligkeit und Einzigartigkeit ihrer Person aus. Dadurch wird das Selbstwertgefühl der Kinder gestärkt. Wichtig ist die genaue, klare Anleitung der Kreativarbeit. *Lehrkraft: Gerade konntet ihr erleben, selbst eine Königin oder ein König zu sein. Daran sollst du dich gut erinnern können. Deshalb bastelt jeder von euch seine eigene Krone.* *– Du erhältst stabiles, gelbes Papier.* *– Darauf zeichnest du mit Bleistift eine Krone, so, wie du sie für dich schön findest. (Vorlage: KV, S. 105)* *– Schneide die Krone aus.* *– Schneide Kreise, Dreiecke oder Vierecke aus Glitzerpapier aus. Sie werden die Edelsteine für deine Krone.* *– Klebe die „Edelsteine" aus Glitzerpapier auf.* *– Jetzt kannst du noch etwas dazu malen, wenn du willst.* Sinnvoll ist es, mit den Kindern zu besprechen, was sie auf die Krone malen wollen. Einige Kinder werden praktische Hilfe benötigen. *– Nachdem die Kinder die Krone gestaltet haben, messen Sie die individuelle Größe der Krone für jedes Kind ab. Sie kleben die beiden Maßkanten (ca. 5 cm überlappend) übereinander. Verstärken Sie die Klebestelle von innen und außen mit einem Tesastreifen.* Ziel ist es, die Kinder möglichst selbstständig arbeiten zu lassen. Sie können sich gegenseitig unterstützen. Sie lernen sich zu artikulieren, wenn sie von der Lehrkraft Hilfe benötigen. (8) Hausaufgabe: *Lehrkraft: Wer mit dem Ausmalen oder Verzieren noch nicht fertig geworden ist, macht dies bitte als Hausaufgabe bis zur nächsten Stunde.*

Verabschiedung	Sie verabschieden sich von den Kindern mit einem Ritual und entlassen sie. **(9) Abschlussritual: Ermutigung und Wertschätzung**
• Bestätigung Ermutigung	*Beispiele:* *..., heute hast du einen tollen Satz gesagt.* *..., heute hast du deinem Mitschüler einfach von dir aus geholfen. Das empfand ich als sehr gut.* *..., mir ist aufgefallen, wie sehr du dich heute bemüht hast, dein Arbeitsblatt ordentlich zu gestalten. Prima!* *..., heute bemerkte ich, wie glücklich, wie traurig, wie ärgerlich du warst. Wenn du willst, kannst du mir erzählen, warum.* *..., mir fiel auf, dass du heute etwas Neues anhast, ein neues Spielzeug dabei hast.* *..., ich danke dir für dein Lachen, deine Hilfe, deine Sorge um ..., deine Ruhe, deine Aufmerksamkeit ...*

3.5 Ich frage Gott, warum?: Jesu Sterben am Kreuz

4. Doppelstunde: Ich frage Gott, warum? Jesu Sterben am Kreuz

Gesamtziel	**Ziel der Doppelstunde:** Den Schülern wird bewusst, dass wir Menschen im Leben Fragen an Gott stellen.
Feinziele	(a) Die Schüler hören die Geschichte der Kreuzigung Jesu. (b) Die Schüler lernen, das Gefühl der Trauer nachzuempfinden. (c) Die Schüler lernen, Trauer zu verbalisieren. (d) Die Schüler werden sich bewusst, dass wir Menschen Fragen an Gott haben. (e) Die Schüler lernen, dass das Kreuz uns an den Tod Jesu erinnert.
Ablauf • **Begrüßung** • **Gebet** • **Erzählung 4, S. 79f.** • **Körperübung** • **Plenum** • **Bild 4** • **Gelenktes Gespräch** • **Ergebnis** • **Kreativarbeit** • **Hausaufgabe** • **Ritual**	(1) Begrüßungsritual (5 min) (2) gemeinsames Gebet (15–20 min) (3) Erzählung 4: *Ich stelle Fragen an das Leben. Ich frage Gott, warum?* (ca. 10 min) (4) Körperübung zur Trauer (5 min) (5) Benennen der Gefühle und Erleben der Körpersprache, die Trauer ausdrückt (5 min), Begriffe zur Trauer (5 min) (6) Evtl.: Übertrag der Begriffssammlung auf Bild 4 (7) Unterrichtsgespräch: *Welche Fragen hat Maria Magdalena an Gott? Was fragt Maria Gott?* (8) Eintrag der Ergebnisse in AB 4A (ca. 15 min) (9) Kreative Gestaltung einer Bildcollage mit Kreuz (15 min) (10) Hausaufgabe: Fertigstellung des Eintrages und Ausmalen von Bild 4 (Seite 4 des Maria-Magdalena-Hefts) (11) Abschlussritual

Ankommen Wahrnehmen • Begrüßung • Gebet	**Ankommen und Wahrnehmen** (1) Das *Begrüßungsritual* wiederholt sich als fester Baustein zu Beginn jeder Stunde. (2) Das *gemeinsame Gebet* gehört in die Anfangsphase der Doppelstunde oder auch in die erste der zwei Einzelstunden während der Woche. Der genaue Verlauf des Gebets wurde auf S. 27–30 beschrieben.
Begegnung • Erzählung 4, S. 79 f. • Erzählfiguren *Maria Magdalena, Susanna*	(3) Die **Erzählung** wird möglichst in freiem Vortrag gestaltet. So wirkt sie lebendiger als beim Vorlesen. Die Regeln für eine gute Erzählung finden Sie zusammengefasst auf S. 117–120. *Die Verwendung von Erzählfiguren intensiviert den Eindruck bei den Schülern. Für die Erzählung zur vorliegenden Stunde halten Sie **Maria Magdalena** und **Susanna** bereit.* Geben Sie den Schülern Zeit, die Eindrücke aus der Geschichte zu verbalisieren. Die Kinder artikulieren, was sie aufgrund der Geschichte beschäftigt oder sie stellen Fragen. Auch Schweigen kann ein Ausdruck der Auseinandersetzung mit der Erzählung sein. Dann ist es wichtig, der Stille Raum zu geben – evtl. ein Klanginstrument – und die Stille auszuhalten. Anschließend führen Sie die Schüler zum nächsten Gedankenschritt.
Verarbeitung • Überleitung *Impuls* • Plenum • Gelenktes Unterrichtsgespräch • Körperübung • Platz im Raum • Regeln • Aufgabe	Die Schüler setzen sich nun bewusst mit der Trauer auseinander. Sie erarbeiten, wie Trauer nachempfunden und artikuliert wird. Sie lernen, wie Trauer erkennbar ist. Überleitung: *Lehrkraft: Der Tag, den Maria Magdalena gerade erlebt, ist einer der schlimmsten für sie. Du kennst auch die Gründe dafür.* Abrufen der Schülerantworten (4) **Thema: Nachempfindung und Artikulation von Trauer, Kennzeichen von Trauer** *Lehrkraft: Maria musste zusehen, wie Jesus starb. Sie ist darüber sehr traurig. Denn sie verliert ihren besten Freund.* *Wie verhält sie sich, als sie traurig ist?* Abwarten der Schülerantworten *Lehrkraft: Auch du kennst Momente, in denen du sehr traurig bist. Was machst du dann?* **Körperübung zur Trauer** *Such dir einen Platz im Raum und zeige, was du machst, wenn du traurig bist.* **Zwei Regeln** musst du beachten: – *Du darfst dich nicht auf deinen eigenen Platz setzen.* – *Du versuchst das „Trauerspiel", so gut es dir möglich ist, zu gestalten.* *Das ist deine **Aufgabe**:* – *Versuche herauszufinden, wie dein Körper sich anfühlt, wenn du traurig bist. Bleibe eine Weile in der Körperhaltung.*

• **Expertenbefragung** • **Imaginäres Foto** • **Fragen zur Trauer** **Beschreibung der Trauer** • **Abstreifen der Trauerhaltung** • **Sitzkreis** • **Gruppengespräch**	*Ich werde auf dich zukommen und dir einige Fragen stellen. Du wirst erkennen, dass du viel über Trauer weißt. Ihr seid richtige Experten.* *Dann werde ich noch ein „Foto" mit meinen Händen machen, das brauchen wir später.* Körperübung (Symbolkarte, S. 107): – Einen Platz im Raum suchen – Mit Körpersprache zeigen, dass sie trauern – Evtl. Unterstützung durch geeignete Musik – Evtl. Vorausschicken einiger Fragen, sodass die Schüler wissen, worauf sie sich einlassen Lehrkraft geht von Kind zu Kind und fragt: – Wo spürst du die Trauer im Körper am meisten? – Welche Farbe hat die Trauer für dich? – Wie fühlt sich die Trauer an? – Was siehst du in deiner Traurigkeit? – Gibt es noch andere Gefühle außer der Trauer in dir? (5) **Benennen der Begriffe zur Trauer** Je weiter die Bandbreite der Fragen ist, umso differenzierter lassen sich – die Sichtweise der Trauer, – die Haltung der Trauer, – Gefühle, die neben der Trauer zu spüren sind, beschreiben. Das imaginäre Foto vermittelt den Schülern, dass ihre Trauerhaltung wertvoll ist. Die Übung wird so wichtig für sie. Nach der Übung streifen die Kinder die Haltung mit den Händen wie Regen oder Staub wieder ab. Sie kommen im Kreis zusammen. Sie werden noch eine Weile über ihre Trauererfahrung sprechen. Die „Händefotos" dienen dabei als Erinnerungsbilder. Auch nach dem Gespräch wird die Trauerhaltung noch einmal mit den Händen gelöscht. *Lehrkraft: Steht jetzt auf. Schüttelt euch gut durch und streift die Trauer mit euren Händen vom ganzen Körper ab. Dann nehmt euren Sitzplatz wieder ein.*
Ergebnis **Bild 4**	Bei einer Einzelstunde: Wie Menschen Trauer ausdrücken, wird auf Bild 4 gesammelt. *Lehrkraft: Wir haben nun viel über Trauer erfahren.* – *Du bemerkst an bestimmten Zeichen, dass ein Mensch traurig ist.* – *Wenn wir traurig sind, begleiten auch noch andere Gefühle unsere Traurigkeit.* – *Trauer hat bestimmte Farben.* – *Trauer spüren wir an ganz besonderen Stellen unseres Körpers.* – *Wenn jemand traurig ist, fallen ihm Dinge auf, die er sonst nicht sieht.*
Verabschiedung	Bei einer Einzelstunde: (11) Abschiedsritual: *..., danke für deine Hilfe, für dein Lachen, für deine Ruhe, für deine Aufmerksamkeit, für deine Sorge um ...*

Vertiefung • Plenum / Sitzkreis • Gelenktes Gespräch • Satzstreifen	Bei einer Doppelstunde: **(7) Vertiefungsphase: Die Schüler werden sich dessen bewusst, dass wir Gott Fragen zu unserem Leben stellen.** *Lehrkraft: Maria Magdalena war nicht nur ein bisschen traurig. Nein – ihre Trauer war sehr tief. Sie erlebte das Gefühl, ihr Leben bricht auseinander. Ihre Trauer drückte sich in verschiedenen Kennzeichen aus. Woran kannst du dich noch erinnern? –* Hier können die Kennzeichen und Begriffe zur Trauer aus (4/5) wiederholt werden. Die Schülerantworten werden gesammelt. *Lehrkraft: Bei den vielen Gedanken waren also auch einige Fragen dabei. Zum Beispiel ... Wir sammeln die Fragen auf Satzstreifen. Überlegt euch zusammen mit euren Nachbarn eine Frage, die Maria hatte. Schreibt sie auf die Satzstreifen.* Sammlung der Fragen auf vorbereitete Satzstreifen. Mit folgender Frage können die Schüler zu weiteren Fragestellungen animiert werden: *Lehrkraft: Welche Fragen hatte Maria zwar, stellte sie aber nicht laut?* Ziel ist es, Handlungen zur Trauerbewältigung (Weinen, Sprechen, Beten) greifbar zu machen.
Ergebnis • Überleitung • Tafelbild oder AB 4A • Ergebnissicherung Arbeitsblatt 4A • Einzelarbeit Arbeitsblatt 4B **Hausaufgabe** Bild 4	**(8) Maria Magdalena hat Fragen an Gott.** Während die Schüler die Fragen Marias sammeln, schreibt die Lehrkraft folgenden Satz an die Tafel. **Maria Magdalena hat Fragen an Gott** (AB 4A). Die Antworten der Kinder auf den Satzstreifen werden gesammelt und auf AB 4A übertragen. *Lehrkraft: Wir hörten gerade viele Fragen. Nicht jede ist für dich gleich wichtig. Deshalb suchst du dir eine (bis drei) Fragen aus und markierst sie auf dem Arbeitsblatt (AB 4A).* Während der selbstständigen Arbeit der Schüler, ist es möglich, drei Sätze als Beispiele an die Tafel zu schreiben. Sie können auch einzelne Schüler beim Schreiben unterstützen. *Lehrkraft: Du hast nun deine drei Fragen auf dem Blatt markiert. Eine Frage, die Maria Magdalena bewegte, war die:* **„Wozu bist du gestorben, Jesus?"** *oder:* **„Was will mir dein Tod sagen, Jesus?"** *(AB 4B). Trage deine Antworten auf dem Arbeitsblatt ein.* *Beschrifte das Bild 4 (Seite 4 des Maria-Magdalena-Hefts) und male es aus.*
Begegnung Verarbeitung • Überleitung	**(9) Kreative Arbeit zum Kreuz** *Lehrkraft: Maria bewegen viele Fragen. Sie hängen mit dem Tod Jesu zusammen. Das Sterben Jesu war für sie ein sehr wichtiges Ereignis. Weil es so bedeutsam für sie war, weil Maria so Vieles daran nicht verstand, hatte sie noch mehr Fragen als sonst.* *Es ist ganz natürlich, dass sich uns gerade dann Fragen aufdrängen, wenn wir etwas kaum verstehen.* *Der Tod Jesu war für Maria wichtig. Er ist für alle Christen wichtig geworden. Weil der Tod Jesu am Kreuz so viel bedeutet, wurde für Christen das Kreuz ein Zeichen, ein Symbol. Immer, wenn wir das Kreuz sehen, erinnert es uns an Jesu Tod.*

• Bild 5 • Anleitung zur Gestaltung des Kreuzes **Ausmalen Bild 5** **Hausaufgabe** • Ordnung	*Als Christen wollen wir ein Kreuz in unserem Maria-Magdalena-Heft haben (Bild 5). Es soll ein besonderes Kreuz werden. Deshalb werdet ihr es mit besonderem Papier gestalten. Es ist Geschenkpapier. Ich habe es in Streifen geschnitten.* *– Suche dir einen Streifen aus.* *– Schneide ihn so durch, dass du ein langes und ein kurzes Stück Papier erhältst.* *– Klebe die beiden Stücke in Kreuzesform auf das Bild 5.* *– Schneide Jesus (KV, S. 103) aus und klebe ihn auf dein Kreuz.* *– In den Rahmen von Bild 5 kannst du dich selbst malen oder ein Foto von dir einkleben.* (10) Hausaufgabe: Fertigstellung von Bild 5 (Seite 5 des Maria-Madalena-Hefts) Aufräumen des Arbeitsplatzes
Verabschiedung • Bestätigung Ermutigung	Sie verabschieden sich von den Kindern mit einem Ritual und entlassen sie. (11) **Abschlussritual: Ermutigung und Wertschätzung** *Beispiele:* *..., heute hast du einen tollen Satz gesagt.* *..., heute hast du deinem Mitschüler einfach von dir aus geholfen. Das empfand ich als sehr gut.* *..., mir ist aufgefallen, wie sehr du dich heute bemüht hast, dein Arbeitsblatt ordentlich zu gestalten. Prima!* *..., heute bemerkte ich, wie glücklich, wie traurig, wie ärgerlich du warst. Wenn du willst, kannst du mir erzählen, warum.* *..., mir fiel auf, dass du heute etwas Neues anhast, ein neues Spielzeug dabei hast.* *..., ich danke dir für dein Lachen, deine Hilfe, deine Sorge um ..., deine Ruhe, deine Aufmerksamkeit ...*

3.6 Ich werde bedingungslos geliebt! Ich bin mutig!: Jesu Auferstehung

5. Doppelstunde: Ich werde bedingungslos geliebt. Ich darf mich verwandeln.

Gesamtziel	**Ziel der Doppelstunde:** Die Schüler erkennen an der Person Maria Magdalenas, wie Liebe die Lebenshaltung für ein gelingendes Leben verwandeln kann.
Feinziele	(a) Die Schüler erkennen, dass sich Maria Magdalenas Leben ein weiteres Mal deutlich verändert. (b) Die Schüler setzen sich mit der Verwandlung Maria Magdalenas in der Begegnung mit dem Auferstandenen spielerisch auseinander. (c) Die Schüler erfahren, wie Liebe einen Menschen verwandeln kann. (d) Die Schüler benennen Gefühle, die die Liebe mit sich bringt.
Ablauf • **Begrüßung** • **Gebet** • **Erzählung 5, S. 81 ff.** • **Spiel** • **Plenum** *Übung zur Wertschätzung* • **Wertschätzende Rede** • **Ergebnis** • **Ritual**	(1) Begrüßungsritual (5 min) (2) gemeinsames Gebet (10 min) (3) Erzählung 5: Ich werde bedingungslos geliebt! Ich darf mich verwandeln. (ca. 15 min) (4) Spiel (15 min) (5) Übung zur Wertschätzung: Die Schüler werden beim Namen gerufen und wertschätzend angesprochen („Ich mag dich ..."; 20 min). (6) Benennen von Gefühlen, die Liebe begleiten (10 min). Erinnerungsblatt, auf dem ein Gefühl steht. (7) Ergebnissicherung: Übertrag auf das Bild 6 (Seite 6 des Maria-Magdalena-Hefts; ca. 5 min), evtl. Ausmalen der Seite (8) Abschlussritual (5 min)

Ankommen Wahrnehmen • Begrüßung • Gebet	**Ankommen und Wahrnehmen** (1) Das *Begrüßungsritual* wiederholt sich als fester Baustein zu Beginn jeder Stunde. (2) Das *gemeinsame Gebet* gehört in die Anfangsphase der Doppelstunde oder auch in die erste der zwei Einzelstunden während der Woche. Der genaue Verlauf des Gebets wurde auf S. 27–30 beschrieben. **Achten Sie diesmal darauf, dass die Zeit für das Gebet 10 min nicht überschreitet.** Möglicherweise singen Sie ein Lied weniger oder haben den Gebetskreis bereits vorbereitet.
Begegnung 1 • Erzählung 5, S. 81 ff. • Erzählfiguren *Maria Magdalena,* *Jesus,* *2 Engel*	(3) Die Erzählung wird möglichst in freiem Vortrag gestaltet. So wirkt sie lebendiger als beim Vorlesen. Die Regeln für eine gute Erzählung finden Sie zusammengefasst auf S. 117–120. *Die Verwendung von Erzählfiguren intensiviert den Eindruck bei den Schülern. Für die Erzählung zur vorliegenden Stunde halten* Sie **Maria Magdalena, den auferstandenen Jesus und zwei Engel** bereit. Geben Sie den Schülern Zeit, die Eindrücke aus der Geschichte zu verbalisieren. Die Kinder artikulieren, was sie aufgrund der Geschichte beschäftigt oder sie stellen Fragen. Auch Schweigen kann ein Ausdruck der Auseinandersetzung mit der Erzählung sein. Dann ist es wichtig, der Stille Raum zu geben – evtl. ein Klanginstrument – und die Stille auszuhalten. Anschließend führen Sie die Schüler zum nächsten Gedankenschritt.
Verarbeitung • **Überleitung** *Impuls* • **Plenum** • **Spiel:** „Ja oder Nein"	Die Schüler setzen sich nun bewusst mit der Begegnung zwischen Maria und Jesus auseinander. Dadurch beginnt die Verarbeitung der verschiedenen Begegnungen in der Erzählung. Überleitung: *Lehrkraft: Maria Magdalena ist voll Traurigkeit zum Grab gegangen. Als sie zurückkehrte, war sie verändert.* *Wer, was veränderte sie?* *Das wollen wir nun herausfinden. Vielleicht verstehen wir das Geheimnis ihrer Verwandlung in einem gemeinsamen Spiel. Dafür ist gutes Überlegen und eine Entscheidung treffen wichtig. Denn das Spiel heißt „Ja oder Nein". Wie geht das?* *Ich frage dich etwas. Du wirst dich entscheiden: Beantwortest du meine Frage mit Ja! oder mit Nein! Dafür erhältst du eine Ja-Karte und eine Nein-Karte. Vor deiner Entscheidung für Ja oder Nein zeigst du niemandem deine Antwort. Deshalb legst du deine Karten mit dem Ja! und dem Nein! verdeckt auf den Boden. Die Karte, die deine Antwort ist, legst du in den Kreis. Die andere versteckst du hinter dir.*

• **Erste Spielphase**
 	
• **Spielregel**
• **Ja-, Nein-Karten** (KV, S. 104)
• **Spielkreis mit Ja-Pol und Nein-Pol** (markiert z. B. mit Tesakreppstreifen)
• **Fragen**
	Wer hat dazu noch eine Frage?
	Wir werden das Spiel drei Mal spielen.
	*Zuerst finden wir heraus, wann sich Maria verändert hat. Dazu spielen wir unser **erstes** Spiel. Es geht so:*
	– *Ich nenne dir alle Fragen. Dann entscheidest du dich.*
	– *Dabei gilt die **Regel**:*
	  1. *Deine **Nein-Karte** kannst du **oft** benützen.*
	  2. *Deine **Ja-Karte** setzt du **nur ein einziges Mal** ein.*
	Jetzt die Fragen: Wann hat sich Maria Magdalena verändert? War es,
	– *als sie früh am Morgen zum Grab geht? (Nein)*
	– *als sie vor dem offenen Grab steht? (Nein)*
	– *als sie mit den beiden Engeln spricht? (Nein)*
	– *als sie sich umdreht und mit dem Gärtner spricht? (Nein)*
	– *als der auferstandene Jesus sie beim Namen anspricht?* **(Ja)**
	– *oder: als der auferstandene Jesus mit ihr spricht und ihr einen Auftrag gibt?* **(Ja)**
	– *als sie nach Hause geht? (Nein)*
	– *als sie zu Hause von Jesus erzählt? (Nein)*

• **Konzentration** • **Erinnerung**	Entscheiden Sie in jedem Spielabschnitt, wie viele Fragen Sie den Kindern stellen können. Bedenken Sie dabei die aktuelle Konzentrationsfähigkeit und das Erinnerungsvermögen der Schüler.
• **Zweite Spielphase** • **Fragen** • **Ja-, Nein-Karten** • **Spielkreis mit Ja-Pol und Nein-Pol**	*Lehrkraft: Im **zweiten** Spiel überlegst du: Was genau in dem Ereignis veränderte das Leben Maria Magdalenas?* *Ich trage ich dir Fragen vor. Du entscheidest, welche du mit Ja und welche du mit Nein beantwortest. Du kannst deine **Ja-Karte einmal** benützen!* *Ich lese dir jetzt die Fragen vor:* *War es,* – *weil Maria die erste war, die dem auferstandenen Jesus begegnete? (Nein)* – *weil Maria mit den Engeln reden konnte? (Nein)* – *weil sie Jesus so liebt, dass sie ihn für sich allein haben wollte? (Nein)* – *weil Jesus sie so liebte, wie sie eben ist?* **(Ja)** – *oder: weil sie vom auferstandenen Jesus einen wichtigen Auftrag erhielt?* **(Ja)** – *weil sie für die Freunde Jesu eine bedeutende Person war? (Nein)* *Lehrkraft: Gerade fanden wir etwas Aufregendes heraus: Maria konnte sich verändern, weil Jesus sie liebt, weil Jesus ihr einen Auftrag gibt.*

• **Dritte Spielphase**	*In einem **dritten** Spiel überlegen wir: Was gehört alles dazu, wenn dich jemand sehr mag und liebt?* *Ich trage dir jetzt alle Antworten vor. Dieses Mal ist es etwas anders als vorher: Du kannst die **Ja-Karte dreimal** verwenden.*
• **Antworten** • **Ja-, Nein-Karten** • **Spielkreis mit Ja-Pol und Nein-Pol (z. B. Tesakreppstreifen)**	*Wenn mich jemand wirklich liebt, ...* *– dann vertraut sie/er mir auch. **(Ja)*** *– dann kann sie/er mir Aufgaben stellen, die ich auch bewältigen kann. **(Ja)*** *– dann beschimpft sie/er mich immer wieder. (Nein)* *– dann sorgt sie/er gut für mich. **(Ja)*** *– dann will sie/er alles haben, was ich habe. (Nein)* *– dann spricht sie/er bei anderen schlecht über mich. (Nein)* Eine Alternative zu dem eher ruhigen Spiel ist, dass die Kinder im Klassenzimmer zwei gekennzeichnete Pole haben: einen „Ja"- und einen „Nein"-Pol, die einander gegenüberliegen. Die Kinder stehen in der Mitte zwischen den beiden Polen. Dann werden die Fragen gestellt. Die Schüler gehen oder rennen zu dem jeweiligen „Pol", in dem sie die Antwort sehen. Bedenken Sie dabei, dass die Kinder in dieser Spielform eher darauf achten, was andere tun und sich gerne anschließen. Vor allem entscheidungsschwache Kinder suchen sich jemanden, der immer sicher ist und schließen sich an. Auch dies kann eine wichtige Beobachtung für Sie als Lehrkraft sein. Wichtig ist es, dass die Schüler am Ende des Spiels wieder ruhig und konzentriert sind. So kann die folgende Begegnung (Begegnung 2) ohne große Probleme eingeleitet werden.
Verabschiedung	Bei einer Einzelstunde: (8) Abschiedsritual: *..., danke für deine Hilfe, für dein Lachen, für deine Ruhe, für deine Aufmerksamkeit, für deine Sorge um ...*

Vertiefung 1
Begegnung 2
 	
• **Information**
 	
Erklärung
 	
Regeln
	Bei einer Doppelstunde:
	(5) **Wertschätzung: „Bei deinem Namen gerufen"**
	
	Die folgende Übung ist nicht einfach, aber dann wirkungsvoll, wenn alle Schüler mitmachen. Sie selbst sollten sich mit der Übung ganz identifizieren können.
	Wir stellen weiter unten einige Alternativen zu dieser Übung vor.
	
	Erklären Sie vorher unbedingt und ausführlich den **Übungsvorgang**:
	Ein Kind steht mit leicht geschlossenen Augen in der Mitte. Es kann die Augen auch ganz schließen, wenn es sich traut.
	Alle anderen bilden einen Kreis um das Kind in der Mitte. Sie hauchen, flüstern, sprechen, rufen, singen den Namen des Kindes.
	
	– die **Regeln**:
	  Verboten sind alle Äußerungen, die ärgerlich, schadenfroh, wütend, wie Befehle oder Schreie klingen.
	– die **Formen** der Äußerung:
	  Der Name klingt achtsam, zärtlich, wohlwollend, sorgsam, liebevoll.

• Beobachtung	Während der Übung erspüren Sie die Wirkung und die zumutbare Dauer der „wertschätzenden Dusche" für das jeweilige Kind in der Mitte. Die Körpersprache drückt seine Empfindungen aus. Hinweise auf die Grenzen der Zumutbarkeit sind: – Die geschlossenen Augen öffnen sich abrupt. – Die Augenbewegung unter den geschlossenen Lidern wird heftig. – Die Handhaltung verändert sich in Richtung Abwehr oder Suche nach Schutz oder Halt. – Der Gesichtsausdruck wechselt zu Anspannung.
Alternativen zum Spiel	Ist den Schülern die Übung nicht zumutbar oder lehnt sie die Mehrheit ab, dann schlagen wir folgende Alternativen vor:
• **Alternative A** „Ich schätze dich"	**Alternative A: „Ich schätze dich, weil ..."** Jedes einzelne Kind wird wohlwollend, wertschätzend, liebevoll beim Namen genannt. Sie fügen an, warum Sie dieses Kind schätzen.
• **Alternative B** „Liebesbrief"	**Alternative B: „Liebesbrief"** Sie schreiben einen „Liebesbrief" an jedes Kind. Sie bereiten ihn zu Hause vor. Auf dem Brief steht der Name des Kindes. Der Brief enthält die Zusage, dass Sie das Kind schätzen und ein Motiv dafür. Sprechen Sie das Kind wertschätzend, wohlwollend und liebevoll an, wenn Sie den Brief überreichen.
• **Alternative C:** „Gruppen-Liebesbrief"	**Alternative C: „Gruppen-Liebesbrief"** Die Schüler können sich auch gegenseitig „Liebesbriefe" schreiben. Sie verweisen darauf, dass der Name des Mitschülers in schöner Schrift auf dem Brief steht. Es folgt ein Satz, der zeigt, dass und was der eine am anderen schätzt. Die Gestaltung des Briefes eignet sich als Hausaufgabe.
• **Alternative D:** „Warme Dusche"	**Alternative D: „Warme Dusche"** Die „warme Dusche" lässt sich wie folgt durchführen: – Die Schüler bilden einen Kreis. – Jedes Kind wird beim Namen gerufen. – Das gerufene Kind setzt sich in die Mitte. – Es kann seine Krone (Doppelstunde 3!) tragen oder diese in den Händen halten, oder auf dem Schoß liegen haben. – Wer will, spricht dem Kind seine Wertschätzung zu. – Möglicherweise kommen dabei Beurteilungen (auch negative) mit ins Spiel. Greifen Sie negative Beurteilungen auf und stellen Sie klar, was an dem Kind wertvoll ist. (Z. B.: *Schüleräußerung*: „Du bist im Sport schlecht! *Lehrkraft*: „... strengt sich genauso an, wie alle anderen.)

Vertiefung 2	**(6) Gefühle, die die Liebe begleiten**
• Impuls	*Lehrkraft: Du hast nun Einiges erlebt. Manches hat dich berührt. Manchmal warst du vielleicht auch aufgeregt.* – *Erzähle uns, wie es sich anfühlte, als wir dich beim Namen gerufen haben.* – *Was hast du empfunden, als du hörtest, dass du geschätzt wirst* – *oder: als dir der „Liebesbrief" überreicht wurde* – *oder: als wir dir eine „warme Dusche" gegeben haben?*
• Satzstreifen	Lassen Sie die Schüler erzählen. Sie nehmen einzelne Gedanken auf und notieren sie auf vorbereitete Satzstreifen. Beispiele: „mutig sein", „Freude spüren", „zuversichtlich sein", „Hoffnung spüren". Falls die Begriffe nicht genannt werden, fragen Sie noch einmal gezielt nach: Mut?, Freude?, Zuversicht?, Hoffnung?
• Impuls	*Lehrkraft: Du hast gehört: Wenn wir geliebt werden, tauchen auch noch andere Gefühle auf. Einige haben wir bereits notiert. Findet ihr noch mehr?*
• Brainstorming • Gefühlsordnung	Gemeinsam mit den Kindern führen Sie ein Brainstorming durch. Dann helfen Sie den Schülern die Gefühle zu ordnen: *Lehrkraft: Welches Gefühl hast du außer der Liebe noch am stärksten erlebt?* – *Mut* – *Freude* – *Glück* – *Frieden* – *Hoffnung* – *Vertrauen* – *Zuversicht* – *Lebenslust* – *Lebendigkeit* – *Gemeinschaft* – *Geborgenheit* – *…*
• Gefühlskarten (KV, S. 106)	Die Kinder suchen das Gefühl, das sie am meisten verspürten. *Lehrkraft: Du wählst nun die Karte aus, die das andere wichtige Gefühl für dich enthält. Lege die Karte in dein Federmäppchen. Dann hast du sie bei dir. Immer, wenn Du darauf schaust, erinnerst du dich: Wir mögen und schätzen dich. Das kann wie ein Schatz für dich werden.*

Ergebnis • **Überleitung** • **Ergebnissicherung Bild 6 (oder Tafelanschrieb)**	(7) **Die Liebe Gottes macht immer mehr möglich.** Überleitung zur Ergebnissicherung: *Wir haben heute (in dieser Woche) viel erlebt und über die Liebe nachgedacht. Das schreiben wir auf das nächste Blatt (Bild 6) in unserem Maria-Magdalena-Buch auf.* *Es geht dabei um den Zeitpunkt, an dem sich das Leben Marias verwandelte, weil sie Jesu Liebe spürte.* *Es geht auch darum, dass Liebe Neues entstehen lässt, wie Mut, wie Freude ...* *Wann sich Maria in der Begegnung mit Jesus verwandelte, erkennst du auf dem Bild.* Hier rufen Sie Schülerantworten ab. *Sicher kannst du auch sagen, was der Grund für die Verwandlung Marias war?* Hier rufen Sie Schülerantworten ab. *Die Liebe Gottes ermöglicht noch mehr ...* Die Schüler vervollständigen den Satz. *Schreibe dein wichtigstes Gefühl auf. Ergänze noch zwei weitere, die dir wichtig sind.* *Das Blatt gehört in unser Maria-Magdalena-Heft. So vergessen wir es nicht.*
Verabschiedung • **Bestätigung Ermutigung**	Sie verabschieden sich von ihren Kindern mit einem Ritual und entlassen sie. (8) **Abschlussritual: Ermutigung und Wertschätzung** *Beispiele:* *..., heute hast du einen tollen Satz gesagt.* *..., heute hast du deinem Mitschüler einfach von dir aus geholfen. Das empfand ich als sehr gut.* *..., mir ist aufgefallen, wie sehr du dich heute bemüht hast, dein Arbeitsblatt ordentlich zu gestalten. Prima!* *..., heute bemerkte ich, wie glücklich, wie traurig, wie ärgerlich du warst. Wenn du willst, kannst du mir erzählen, warum.* *..., mir fiel auf, dass du heute etwas Neues anhast, ein neues Spielzeug dabei hast.* *..., ich danke dir für dein Lachen, deine Hilfe, deine Sorge um ..., deine Ruhe, deine Aufmerksamkeit ...*

3.7 Ich bin gesandt. Ich bin ein Segen für die anderen: Die Sendung Maria Magdalenas

6. Doppelstunde: Ich kann zum Segen werden. Ich kann ein Segen sein.

Gesamtziel	**Ziel der Doppelstunde:** Die Schüler erkennen, dass sie wie Maria Magdalena als Gesegnete zum Segen für andere werden können.
Feinziele	(a) Die Schüler geben die Geschichten aus dem Leben von Maria Magdalena wieder. (b) Die Schüler setzen sich mit dem Segensweg auseinander, den Maria Magdalena auf der Grundlage ihrer Entscheidungen ging. (c) Die Schüler benennen, was Menschen unter dem Segen Gottes verstehen. (d) Die Schüler erahnen, dass auch sie in ihrem Leben zum Segen für andere werden können. (e) Die Schüler erleben es, gesegnet zu werden.
Ablauf • Begrüßung • Lied • Plenum • Segensweg *Dreiteilung des Lebensweges* • Themenkreuz (Bild 7, S. 102) • Sitzkreis Erzählung 6, S. 84 ff. • Unterrichtsgespräch • Kreative Ergebnissicherung (Sonnenstrahlen, KV, S. 103) • Segnung • Kreuzzeichen • Verabschiedung	(1) Begrüßungsritual (5 min) (2) Gemeinsames Lied (siehe S. 121): *Gott, dein guter Segen*, 3. Vers (5 min) (3) Betrachtung der fünf Begegnungsgeschichten (Erzählungen 1–5) von Maria aus Magdala und Jesus (10 min) anhand des Maria-Magdalena-Hefts (4) Auslegung des Lebensweges Maria Magdalenas mit Schwerpunkt auf den beiden lebenswichtigen Entscheidungen (15 min) Teilung des Lebensweges in drei Bereiche: 1. Maria Magdalena und die Krankheiten 2. Marias Weg mit Jesus bis zum Kreuz 3. Marias Begegnung mit dem auferstandenen Jesus, ihre Mit-Auferstehung und Sendung als Osterbotin (5) Gestaltung des Themenkreuzes (Bild 7) durch das Zusammenfügen der fünf Bilder (10 min) (6) Erzählung 6: *„Ich kann ein Segen sein."* (10 min) (7) Begriff „Segen": Was ist Segen? (5 min) (8) Sonnenstrahlen: „Wodurch kann ich zum Segen werden?" (9) Segnung: Segnung der Schüler, Weitergabe des Segens Einübung des Kreuzzeichens (15 min) (10) Entlassruf

Lehrerinformation	Die sechste Doppelstunde hat **zwei Schwerpunkte**: 1. Der Inhalt der gesamten Unterrichtseinheit wird zusammengefasst. 2. Der Weg mit Maria Magdalena wird abgeschlossen. Zugleich öffnet der Blick auf den Segen und die Segenshandlung (Kreuzzeichen) etwas Neues: Die Schüler erleben im Segen, wie die Auferstehung Jesu direkt in das Leben hinein vermittelt werden kann. Theologisch greift die letzte Doppelstunde also den Zusammenhang von Segen und Sendung auf. (Vgl.: Kap. 2, S. 23f.) Didaktisch rechtfertigt das einen Aufbau und Verlauf der Unterrichtsphasen, der sich von den vorangegangenen fünf Doppelstunden unterscheidet.
Schülerinformation • Symbolkarten (KV, S. 107)	Die Stunde kann also etwa, wie folgt, eingeleitet werden: *Lehrkraft: Heute wird die Stunde anders verlaufen als in den letzten Wochen. Damit ihr genau wisst, wie wir die Stunde gestalten, hänge ich schon jetzt die Symbolkarten dafür an die Tafel.* Kurze Besprechung des Ablaufes anhand der Karten.
Ankommen Wahrnehmen • Begrüßung • Lied: „Gott, dein guter Segen" (siehe S. 121)	**Ankommen und Wahrnehmen** (1) Das **Begrüßungsritual** wiederholt sich als fester Baustein zu Beginn jeder Stunde. (2) Das **gemeinsame Lied** ersetzt in der Anfangsphase der Doppelstunde das Gebet. Das Ziel der Stunde besteht in der Segenserfahrung und der Segenshandlung (Kreuzzeichen), was durch das Lied („*Gott, dein guter Segen*", *3. Vers*, 5 min) verstärkt wird.
Erarbeitung • gelenktes Unterrichtsgespräch • Maria-Magdalena-Heft • Fünf Bilder zu bestimmten Lebenssituationen Marias (KV, S. 96–99, 101) • Gestaltung eines Weges mit den fünf Bildern	(3) **Der Lebensweg Maria Magdalenas ist geprägt von den Begegnungen mit Jesus.** *Lehrkraft: Wir sind in den letzten Stunden Maria Magdalena begegnet. Sie ging einen Weg mit Jesus, weil er sie von Krankheiten heilte. Die fünf Bilder (Maria-Magdalena-Heft), die ihr bereits kennt, erzählen uns viel vom Weg Marias. Schaut euch die Bilder in eurem Maria-Magdalena-Heft dazu an.* Abrufen von Schülerantworten *Lehrkraft: Ihr wusstet noch viel von dem, was Maria mit Jesus erlebte. Auf den fünf Bildern findet ihr für Maria Magdalena wichtige Lebensereignisse. Legen wir die Bilder jetzt in der Reihenfolge hin, wie Maria und Jesus sie erlebten.* – *Zuerst lebt Maria für sich allein. Du kennst auch die Gründe dafür.* Schülerantworten ***Zusammenfassung:*** *Richtig, Maria war sehr krank. Ihre Krankheit hatte sie zu einer Außenseiterin gemacht. Nur wenige wollten etwas mit ihr zu tun haben. Deshalb liegt das erste Bild auch alleine, für sich da.* – *Du kannst dich sicher noch daran erinnern, was dann passierte.* Schülerantworten ***Zusammenfassung:*** *Maria wurde von Jesus geheilt. Das veränderte ihr Leben. Wie ging ihr Leben danach weiter?*

		*Die folgenden **drei Bilder (Heilung, Einzug in Jerusalem, Kreuzigung)** zeigen die wichtigen Stationen auf dem Weg mit den Freunden Jesu. Dabei erlebte Maria Schönes, aber auch Schlimmes.* Schülerantworten *Was dachte Maria, als sie sah, dass Jesus gestorben war?* Schülerantworten – **Überleitung:** *Maria dachte sicher: Jetzt ist alles aus. Mein Weg mit Jesus ist zu Ende. Deswegen endet hier erst einmal der Weg, den wir mit den Bildern gelegt haben.*
Vertiefung **Ergebnis** • gelenktes Unterrichtsgespräch • Bild 6 (Maria-Magdalena-Heft) • Bild 7		(4) **Zwei Entscheidungen sind für Maria Magdalena lebenswichtig.** *Lehrkraft: Schauen wir uns die vier Bilder noch einmal an:* – *Den ersten Abschnitt ihres Weges ist Maria Magdalena alleine gegangen. Sie war krank und deswegen auch einsam.* – *Jesus kam und heilte sie. Von da an ging sie einen Weg in der Gemeinsamkeit mit Jesus und seinen Freunden. Dass wir die Bilder in eine Reihe gelegt haben, macht das deutlich.* – *Jetzt bleibt das letzte Bild (Bild 6). Es beschreibt eine ganz besondere Geschichte. Einen Teil der Geschichte kennst du.* Schülerantworten *Zusammenfassung: Maria aus Magdala begegnet dem auferstandenen Jesus. Jesus ruft Maria mit ihrem Namen. So verändert sie sich noch einmal. Sie kehrt ein zweites Mal zum Leben zurück. Jesus gibt ihr einen Auftrag.* Schülerantworten – *Richtig: Maria soll den Jüngern die frohe Botschaft verkünden, dass Jesus den Tod besiegte. Sie sah den auferstandenen Herrn. So wird sie zur Osterbotin – und zur ersten Auferstandenen. Das **letzte Bild**, das wir zusammen gestalten enthält eine besondere Geschichte und einen besonderen Auftrag (Sendung): Erzähle die gute und frohe Botschaft weiter! Gib das Gute weiter, das du geschenkt bekommen hast.* *Maria macht das. Sie geht nach Hause. Sie erzählt den Jüngern, dass sie den auferstandenen Herrn gesehen hat.* *Das kann evtl. auch mit den Schülern erarbeitet werden.* *Die letzte Geschichte enthält also den Höhepunkt im Leben Maria Magdalenas. Deshalb ordnen wir die Bilder neu um.* **Information:** *Die Bilder werden wie Bild 7, S. 102, angeordnet, zu einem Kreuz umgelegt.*
Begegnung • Impuls • Bild 7 • Kreuzsymbol		(5) **Das Themen-Kreuz, der Lebensweg Marias** *Lehrkraft: Betrachten wir die Bilder, wie sie nun liegen. Es ist eine feste Form entstanden. Du kennst diese Form. Du hast sie schon oft gesehen.* Schülerantworten (z. B.: Plus-Zeichen, Kreuzung, Kreuz) *Durch die Bilder, die Marias Lebensweg zeigen, ist die Form des Kreuzes entstanden. Das Kreuz ist eines der ganz wichtigen Zeichen (Symbol) im Christentum. Es erinnert uns daran, dass Jesus starb. Es erinnert uns auch daran, dass Jesus den Tod überwand. Jesus kommt zu uns, wird Mensch und stirbt, damit wir leben können. So sprechen wir das im Glaubensbekenntnis (Credo) und in Gebeten aus.*

	Wir können anhand des Lebenskreuzes Marias Weg nachgehen: Die Bilder stellen von links ausgehend dar: • Maria ist krank und traurig. • Maria begegnet Jesus und wird geheilt. • Maria zieht mit Jesus in Jerusalem ein und freut sich. • Maria beobachtet das Sterben Jesu und ist verzweifelt. • *Das oberste Bild stellt den Höhepunkt dar:* Jesus ist vom Tod auferstanden. *Fahren wir mit dem Daumen das Kreuz nach:* *Von oben nach unten, dann zur Mitte und von links nach rechts.* *Du kannst das jetzt auf dir selber nachzeichnen:* *Von der Stirn zur Brust – von der linken Achsel zur rechten Achsel.* Das Kreuzzeichen wird von allen mehrmals zur Verinnerlichung der Bewegung nachgezeichnet. In den kommenden Unterrichtsstunden kann das Gebet mit dem Kreuzzeichen eröffnet werden.
Verabschiedung	Bei einer Einzelstunde: (10) Abschiedsritual: *Entlassruf!*
Vertiefung • **Stuhlkreis/ Sitzkreis (Kissen, Teppichfliesen)** Erzählung 6, S. 84 ff. • **Erzählfiguren:** *Maria Magdalena* *Sarah*	Bei einer Doppelstunde: (6) **Vertiefungsphase: Ich kann ein Segen sein** Die letzte Erzählung setzt einen beruhigenden, vertraulichen Rahmen voraus. Die Lehrkraft sitzt mit den Schülern in einem Stuhl- oder Sitzkreis (Kissen, Teppichfliesen). *Lehrkraft: Ihr habt fünf Geschichten über Maria Magdalena gehört. Eine sechste werde ich euch jetzt erzählen. Hört zu, worüber sich Maria und Sarah heute unterhalten.* Die Erzählung wird möglichst in freiem Vortrag gestaltet. So wirkt sie lebendiger als beim Vorlesen. Die Regeln für eine gute Erzählung finden Sie zusammengefasst auf S. 117–120. *Die Verwendung von Erzählfiguren intensiviert den Eindruck bei den Schülern. Für die Erzählung zur vorliegenden Stunde halten Sie* **Maria Magdalena** *und* **Sarah** *bereit.* Geben Sie den Schülern Zeit, die Eindrücke aus der Geschichte zu verbalisieren. Die Kinder artikulieren, was sie aufgrund der Geschichte beschäftigt oder sie stellen Fragen. Auch Schweigen kann ein Ausdruck der Auseinandersetzung mit der Erzählung sein. Dann ist es wichtig, der Stille Raum zu geben – evtl. ein Klanginstrument – und die Stille auszuhalten. Anschließend führen Sie die Schüler zum nächsten Gedankenschritt.

Verarbeitung • Überleitung • Gelenktes Unterrichtsgespräch • Lehrerinformation zum Begriff „Segen"	**(7) Verarbeitungsphase: Was ist Segen?** *Lehrkraft: Maria Magdalena ist in dem Gespräch mit Sarah etwas sehr wichtig geworden.* *Erzähle von den wertvollen Sätzen für Maria Magdalena!* *Schülerantworten abrufen!* *Lehrkraft: Maria spricht oft vom „Segen". Wer weiß, was das Wort Segen bedeutet?* *Schülerantworten abwarten!* *Lehrkraft: Segen bedeutet: Gutes im Zeichen und im Namen Gottes wünschen. Denn Gott gewährt das Gute. Er ist der Grund des Segens.* *Für Maria Magdalena ist das Gute die Liebe Gottes, die sie jeden Tag erlebt wie die Sonne. Maria spürte die Liebe Gottes im Zusammenleben mit Jesus. Sie will die spürbare Liebe Gottes ihren Mitmenschen immer wieder weiterschenken. Ich kann auch sagen: Maria wurde von Jesus gesegnet und gibt den Segen an andere weiter. Sie ist eine Gesandte Jesu, eine Gesandte Gottes. Sie gibt die gute Botschaft vom neuen Leben weiter.* *Maria hat also das Gute Gottes, Gottes Segen, weitergegeben. Sie schenkte weiter, was sie selbst von Gott als Geschenk erhielt. So wurde sie zum Segen für andere, weil sie das machte, was sie gut konnte: die Liebe Jesu und das Geschenk des neuen Lebens weitererzählen.*
Ergebnis • Überleitung • Impuls • Blatt mit Anregungen AB 6 (S. 95) • Nachdenk-Platz • Einzel-, Stillarbeit • AB 6 (S. 95) (Sonnenstrahl): „Ich kann ..."	**(8) Den Segen weitergeben – das Gute und die Liebe Gottes verschenken** *Lehrkraft: Auch wir haben den Auftrag bekommen, das Gute, das Gott uns gewährt, weiterzugeben. Wir können es wie Maria Magdalena tun: Wir geben weiter, was wir selbst gut können.* *Überlege für dich: Was kann ich gut? Was kann ich anderen schenken?* *Suche dir einen Platz im Raum zum Nachdenken aus. Das Blatt hilft dir beim Nachdenken. Darauf steht, was Menschen gut können, z. B.: „gut erzählen", „gut zuhören", „fair spielen", „gut trösten", „liebevoll helfen" ...* *Suche danach, was du gut kannst – und unterstreiche es auf dem Blatt! Findest du deine Begabung auf dem Blatt nicht, trage sie in die leere Zeile unten ein.* *Sanduhr oder Klanginstrument (Schale, Glocke)* *Lehrkraft: Ist die Sanduhr zweimal durchgelaufen oder erklingt der Ton, dann geht ihr wieder in den Sitzkreis oder auf euren Platz zurück.* *Während die Schüler arbeiten, teilt die Lehrkraft jedem Kind einen „Sonnenstrahl" aus.* *Lehrkraft: Du hast dir gerade Gedanken darüber gemacht, was du gut kannst. Dieses Geschenk kannst du anderen weiterschenken. Unser Zeichen dafür ist der Sonnenstrahl. Mit ihm schenkt die Sonne uns Helligkeit, Wärme, den Tag, die Jahreszeiten. Nimm den Sonnenstrahl, den ich dir geschenkt habe. Darauf schreibst du, was du gut kannst. Der Anfang des Satzes steht schon da.*

• **Beschriften des Sonnenstrahls** • **Legen der Sonnenstrahlen um das Themenkreuz** • **Aussprechen der Begabung**	*Wenn du den Satz fertig geschrieben hast, dann komm zum Themenkreuz. Wir werden die Sonnenstrahlen um das Kreuz legen.* Die Schüler beschriften den Sonnenstrahl mit ihrer Begabung. Mithilfe der Lehrkraft legen Sie die Sonnenstrahlen um das Kreuz. Dabei sprechen sie aus, was sie gut können. **Information:** Sie können mit dem Themenkreuz und den Sonnenstrahlen auch ein Plakat gestalten.
Impuls • **Lehrerinformation** *Ostern: Neues Leben* *Segen: Verschenken, was wir gut können* *Leben:* *Ein Segen für die anderen werden*	*Lehrkraft: Nun hat sich unser Bild verändert ...* Schülerantworten sammeln *Lehrkraft: Zum Kreuz kam die Ostersonne hinzu. Die Ostersonne geht auf, das heißt: Ein neuer Tag, das neue Leben beginnt. Dem gestrigen, vergangenen, alten Tag folgt ein neuer Tag. Dem vergangenen Leben folgt ein neues Leben. Es beginnt mit Gottes Segen. Das bedeutet: Das Leben hält wieder Neues, immer mehr Neues für dich und mich bereit. So kann unser Leben besser werden, weil Gott immer wieder Neues mit uns vorhat. Das haben wir an der Lebensgeschichte von Maria Magdalena erfahren.* *Wir haben auch gelernt, wie wir aus den Geschenken Gottes etwas Neues machen können: Indem wir Gottes Segen weitergeben, indem wir Gottes Liebe miteinander teilen, vermehrt sich das Gute in unserem Leben. Der Segen breitet sich aus. Das Gute breitet sich aus.* *Unser Lebensweg geht gut weiter. Wir entdecken mehr und mehr Neues, das wir gut können. Wie Maria lernen wir, wie gut Gott für uns ist. Wie Maria beginnen wir, was wir gut können, weiterzugeben. So geht unser Weg mit Gott gut weiter. Wir sind es ihm wert, gesegnet zu sein. Wir werden ein Segen für die anderen.*
Segnung • **Überleitung** • **Jesuskerze entzünden** • **Segnung oder** • **Kreuzzeichen** • **Ruhiges Lied**	**(9) Kindersegnung oder Bezeichnung mit dem Kreuz** *Lehrkraft: Dass ihr Gottes Segen wert seid, ist auch der Grund, warum ich euch am Ende unserer Stunde, aber auch am Ende der Geschichte über Maria Magdalena segnen will:* – *Du bist es wert, gesegnet zu sein.* – *Du bist es wert, eine Botin, ein Bote Gottes zu sein.* – *Du bist wichtig, weil auch du die Liebe Gottes weitergeben kannst.* *Ich will dich segnen, das heißt: Ich wünsche dir Gutes im Zeichen und im Namen Gottes.* *Ich stelle die Jesuskerze zu unserem Kreuz und entzünde sie. Jetzt leuchten das Kreuz und die Ostersonne auch für dich.* Die Kinder stellen sich um das Themenkreuz. Sie beruhigen sich langsam. Jedem Kind sprechen Sie in die Stille hinein den Segen zu oder zeichnen das Kreuzzeichen auf seine Stirn. Sie sprechen das Kind dabei mit seinem Namen an. Vor der Verabschiedung sollen die Kinder evtl. noch ein ruhiges Lied singen.

Abschied	Sie verabschieden sich von den Kindern dieses Mal in einer andern Form: (10) **Entlassruf:** *Lehrkraft:* *Geht nun hin als Gesegnete.* *Gebt diesen Segen weiter.* *Wünscht anderen im Namen Gottes das Gute.* *Teilt aus, was euch Gott Gutes geschenkt hat.* Sie entlassen die Schüler aus dem Gruppenraum.

Ingrid Walz
Materialien, Kopiervorlagen

Alle Materialien, die Sie für die Unterrichtseinheiten benötigen, finden Sie auf den folgenden Seiten. Die sechs Unterrichtserzählungen, die Arbeitsblätter, Kopiervorlagen und Bilder, sowie die Anleitung zur Gestaltung des „Maria-Magdalena-Heftes" benötigen Sie unmittelbar für den Unterricht. Einen Überblick über die Materialien, aber auch wichtige Grundthemen und -methoden für den Unterricht bieten wir Ihnen als handliche Registerkarten. Die Materialkarten vermitteln einen raschen Überblick über die in jeder Unterrichtseinheit benötigten Materialien. Sich wiederholende oder auch spezielle Unterrichtsbausteine können Sie als Registerkarten ihren Unterlagen beifügen.

Noch ein Tipp: Das Stundenziel und den Stundenablauf finden Sie für jede Doppelstunde auf der jeweils ersten Kapitelseite. Diese ist rasch kopiert und ergibt eine weitere Karte.

Damit müssen Sie nicht immer das ganze Buch dabeihaben.

1 Materialkarten zu den sechs Doppelstunden

1. Doppelstunde: Ich bin anders.

Symbolkarten	• **Symbolkarten:** Andacht, Erzählung, Murmelgruppen, Aufschreiben
Gebetsmaterialien	• **Gebetsmaterialien:** Teppichfliese, Jesuskerze, Tuch in der liturgischen Farbe, Lieder/Texte, Streichhölzer oder Feuerzeug
Erzählung 1 Erzählfiguren	• **Erzählung 1** • **Erzählfiguren:** Maria Magdalena, Sarah, Susanna
Sanduhr/ Klanginstrument	• Sanduhr oder Klanginstrument
Arbeitsblatt 1A: Kleingruppenarbeit 1	• **Arbeitsblatt 1A** für die Kleingruppenarbeit: Auswirkungen der Krankheiten
Arbeitsblatt 1B: Kleingruppenarbeit 2	• **Arbeitsblatt 1B** für die Kleingruppenarbeit: Wünsche von Maria Magdalena
Bild 1 für das Maria-Magdalena-Heft	• **Bild 1:** „Maria Magdalena hat Vieles erlebt, seit sie krank ist"

2. Doppelstunde: Ich werde wertgeschätzt. Ich bin wertvoll. Ich bin wer!

Symbolkarten	• **Symbolkarten:** Andacht, Erzählung, Murmelgruppen, Überraschung, Aufschreiben
Gebetsmaterialien	• **Gebetsmaterialien:** Teppichfliese, Jesuskerze, Tuch in der liturgischen Farbe, Lieder/Texte, Streichhölzer oder Feuerzeug
Erzählung 2 Erzählfiguren	• **Erzählung 2** • **Erzählfiguren:** Maria Magdalena, Sarah, Susanna, Jesus, 2 bis 3 Männer
Sanduhr/ Klanginstrument	• Sanduhr oder Klanginstrument
Arbeitsblatt 2 für die Kleingruppenarbeit	• **Arbeitsblatt 2** für die Kleingruppenarbeit: Auswirkungen der Heilung
Satzstreifen	• **Ermutigunssätze** für die Schüler • **Blatt** zum Formulieren von Ermutigungssätzen
Bild 2 für das Maria-Magdalena-Heft	• **Bild 2:** „Maria Magdalena kann nun Vieles machen, seitdem sie von Jesus geheilt wurde"

3. Doppelstunde: Ich freue mich mit dir!

Symbolkarten	• **Symbolkarten:** Andacht, Erzählung, Murmelgruppen, Überraschung, Aufschreiben, Lied, Spielerische Übung
Gebetsmaterialien	• **Gebetsmaterialien:** Teppichfliese, Jesuskerze, Tuch in der liturgischen Farbe, Lieder/Texte, Streichhölzer oder Feuerzeug
Erzählung 3 **Erzählfiguren**	• **Erzählung 3** • **Erzählfiguren:** Maria Magdalena, Sarah, Jesus, Esel, weitere Personen
Sanduhr/ Klanginstrument	• Sanduhr oder Klanginstrument
Areitsblätter für die Kleingruppenarbeit 3A/3B	• **Arbeitsblätter 3A/3B** für die Kleingruppenarbeit: Jesus als König und andere Könige
Liedtext	• **Lied:** „Jesus zieht in Jerusalem ein"
Bild 3 für das Maria-Magdalena-Heft	• **Bild 3:** „Maria Magdalenas freut sich mit Jesus. Er ist der neue König."
Kreativmaterialien	• **Kopiervorlage** für die Kronen • Schere, Kleber, Buntstifte, Wachsmalkreiden • maisgelbes Tonpapier oder Fotokarton • Glitzerfolie
Spielerisches Element	• Krone • Umhang • Lied: „Jesus zieht in Jerusalem ein" (1. Vers)

4. Doppelstunde: Ich frage Gott, warum? Jesu Sterben am Kreuz

Symbolkarten	• **Symbolkarten:** Andacht, Erzählung, Körperübung, Plenum/Sitzkreis/Erzählkreis, Aufschreiben, kreative Phase, Stimmungen
Gebetsmaterialien	• **Gebetsmaterialien:** Teppichfliese, Jesuskerze, Tuch in der liturgischen Farbe, Lieder/Texte, Streichhölzer oder Feuerzeug
Erzählung 4 **Erzählfiguren**	• **Erzählung 4** • **Erzählfiguren:** Maria Magdalena, Susanna
Sanduhr/ **Klanginstrument**	• Sanduhr oder Klanginstrument
Arbeitsblätter 4A/4B **für die Einzel- und** **Stillarbeit**	• **Arbeitsblätter 4A/4B** für die Einzel- und Stillarbeit: Fragen an Gott/Wozu bist du gestorben, Jesus?/Was will mir dein Tod sagen, Jesus?
Satzstreifen	• **Satzstreifen:** Fragen zur Trauer werden auf Satzstreifen gesammelt
Bild 4 für das **Maria-Magdalena-Heft**	**Bild 4:** Ich frage Gott, warum …?
Kreative Arbeit zum **Kreuz:** **Bild 5 für das** **Maria-Magdalena-Heft**	**Bild 5:** Mein persönliches Kreuz • **Vorlage:** Jesus, am Kreuz hängend • Schere, Kleber, Buntstifte • verschiedenfarbiges Geschenkpapier, in Streifen geschnitten • evtl. Schülerfotos

5. Doppelstunde: Ich werde bedingungslos geliebt. Ich darf mich verwandeln.

Symbolkarten	• **Symbolkarten:** Andacht, Erzählung, Spiel/Übung, Überraschung, Aufschreiben, Stimmungen
Gebetsmaterialien	• **Gebetsmaterialien:** Teppichfliese, Jesuskerze, Tuch in der liturgischen Farbe, Lieder/Texte, Streichhölzer oder Feuerzeug
Erzählung 5 **Erzählfiguren**	• **Erzählung 5** • **Erzählfiguren:** Maria Magdalena, Jesus, zwei Engel
Sanduhr/ Klanginstrument	• Sanduhr oder Klanginstrument
Spiel oder spielerische Übung (Kopiervorlage)	• **Ja-Karten/Nein-Karten** für jeden Schüler • **Frageblätter** zu den drei Spielphasen • Tesakreppstreifen
Satzstreifen (Papier oder weißer Stoff)	• **Satzstreifen** mit „Ich mag dich, weil ..."-Sätzen zum Verschenken oder • „**Liebesbriefe**" an die Schüler oder • von den Schülern an andere Bezugspersonen
Gefühlskarten (Kopiervorlage)	• **Gefühlskarte** als Geschenk für jeden Schüler
Bild 6 für das Maria-Magdalena-Heft	• **Bild 6:** „Maria begegnet dem auferstandenen Jesus"

6. Doppelstunde: Ich kann zum Segen werden. Ich kann ein Segen sein.

Symbolkarten	• **Symbolkarten:** Singen, Plenum oder Sitz-, Stuhlkreis, Erzählung, kreative Phase, Überraschung, Singen
Gebetsmaterialien	• **Gebetsmaterialien:** Teppichfliese, Jesuskerze, Tuch in der liturgischen Farbe, Lieder/Texte, Streichhölzer oder Feuerzeug
Erzählung 6 **Erzählfiguren**	• **Erzählung 6** • **Erzählfiguren:** Maria Magdalena, Sarah
5 Bilder (1,2,3,4,6)	• Fünf Bilder der vergangenen Stunden: Maria Magdalenas Lebensweg mit Jesus
Sanduhr/ Klanginstrument **Bild 7** **(Themen-Kreuz)**	• Sanduhr oder Klanginstrument • **Bild 7:** Ich kann zum Segen werden
Aufgabenblatt **(Einzel- Stillarbeit)**	• **AB 6 mit Anregungen:** Ich kann gut …
Liedtext	• **Lied:** „Gott, dein guter Segen" (Vers 3)
Arbeitsblatt 6 **Sonnenstrahlen**	• **Arbeitsblatt 6:** Sonnenstrahl: „Ich, N.N., kann …"
Kreativmaterialien **für die Kollage/Plakat**	• **große, stabile Papierunterlage** mit fünf Feldern, in Kreuzform angeordnet • Schere, Kleber, evtl. besondere Schreibstifte • Sonnenstrahlen (ausgeschnitten)

2 Sechs Erzählungen zum Unterricht

Jede Unterrichtseinheit enthält eine Erzählung, in der der biblische Text für die Erlebnisdimension der Schüler aufbereitet wird. Die Erzählungen verstehen wir als Modelle, die Sie für ihren Unterricht variieren können. Die Regeln zur Gestaltung von Unterrichtserzählungen finden Sie auf Seite 117–120.

Die Erzählungen sind mit Anmerkungen von Christoph Riedel versehen. Sie enthalten Sachinformationen zu den Texten, verweisen auf die notwendigen Elemente der jeweiligen Erzählung oder zeigen, wie ausgehend von der Erzählung weitergearbeitet werden kann.

Erzählung zur 1. Doppelstunde: Ich bin anders.
- Maria Magdalena und ihr Herkunftsbild (siehe: Kap. 2, S. 15f., 18f.)
- Leben mit Krankheiten

„Warum bist du so krank?", fragt Sarah, das kleine Mädchen ihre große (erwachsene) Freundin Maria. Maria Magdalena antwortet ihr sehr traurig: „Ich weiß es nicht, Sarah. Ich kann dir keine Antwort geben. Ich weiß es wirklich nicht. Das Leben hat mich vergessen. Und ich habe die Zeit vergessen, seitdem ich krank bin."

Sarah wundert sich über diese Antwort. Noch an diesem Abend fragt Sarah ihre Mutter Susanna: „Du, Mama, warum ist die Maria so krank?" Auch ihre Mutter weiß es nicht und sagt deshalb ehrlich: „Ich weiß es nicht. Vielleicht wollte Gott es so!"

Aber Sarah lässt nicht locker und fragt ein paar Tage später noch einmal ihre Mutter Susanna: „Hat Maria etwas Falsches getan? Bestraft Gott sie deshalb!" Ihre Mutter fragt nach: „Woher hast du das? Wer hat dir das erzählt?" Sarah erzählt ihr: „Von den Schriftgelehrten, den wichtigen Männern haben ich das mal gehört." Nach einer Weile fährt sie fort: „Das glaube ich nicht, Mama. Maria war immer so gut zu mir. Sie mag mich! Bei ihr darf ich mich immer verkleiden, und wir spielen miteinander. Manchmal lachen wir auch ganz viel. Nein, jeder muss Maria mögen, auch Gott." Sarah schaut zum Haus von Maria. „Aber jetzt ist alles ganz anders, seitdem sie krank ist."

Sarah hängt noch den Gedanken nach, als ihre Mutter auf einmal mit einem ermahnenden und ernsten Tonfall spricht. Da weiß Sarah, dass ihre Mutter es sehr ernst meint. „Pass auf, Sarah. Wir haben über Maria gesprochen und ich will nicht, dass du zu Maria gehst. Ich will nicht, dass du auch so krank wirst wie Maria. Maria ist jetzt eine Ausgeschlossene. Wenn wir mit ihr reden, dann schließen sie auch uns aus. Das aber will ich nicht. Außerdem braucht Maria jetzt auch viel Ruhe!" Sarah versucht es noch einmal: „Aber Mama!", sagt Sarah trotzig, „Maria ist doch meine Freundin! Mir ist es egal, ob sie krank oder gesund ist. Ich mag sie und ich will zu ihr hin." – „Nein!" antwortet die Mutter streng: „Die nächste Zeit wirst du sie nicht mehr besuchen. Sie ist sehr, sehr krank und ich will nicht, dass du mit ihr gesehen wirst. Versprich es mir!" – „Ja, ja" sagt Sarah und geht enttäuscht und traurig aus dem Haus.

Sie geht zu ihrem Lieblingsort, dem alten Olivenbaum. Dort setzt sie sich in den Schatten. Der Olivenbaum steht auf einem kleinen Hügel. Von dort aus kann Sarah sehr gut auf den Weg zum Brunnen schauen und in aller Ruhe nachdenken.

Einige Minuten später sieht Sarah, wie Maria gebückt und traurig zum Brunnen geht. Ganz blass ist ihr Gesicht. „Maria ist vielleicht spät dran", sagt sie zum Baum. Und sie meint fast, dass der Baum ihr antwortet: „Ja, dann trifft sie auch keinen mehr." Ihr Olivenbaum ist doch so klug. Schnell springt sie auf und rennt leise hinter Maria her. Dabei versteckt sie sich immer wieder hinter einer Hauswand und beobachtet Maria. Sie hört, wie Maria vor sich hin redet, aber sie versteht es nicht wirklich.

Sarah wird als **Identifikationsfigur** eingeführt. Sie stellt ein den Schülern gleichaltriges Kind dar.

Susanna, die in der Liste bei Lk 8 namentlich als Jüngerin Jesu genannt wird, ist in die Erzählung hineingewoben.

Zur Zeit Jesu wurde **Krankheit theologisch als Strafe Gottes** für die Sünden eines Menschen verstanden.

„Sehr, sehr krank" verweist auf die **sieben Dämonen der Maria** von Magdala. (Kap. 1, S. 9f., Kap. 2, S. 18f.)

Der „Lieblingsbaum" ist ein **sicherer, geschützter Ort**. Zu ihm gehen Kinder real oder auch in Tagträumen.
Sarah findet eine Lösung, wie sie das Versprechen an die Mutter einhalten und dennoch in der Nähe Marias sein kann.
Hier bietet die Erzählung eine **Lösungsstrategie für Wertkonflikte** an: Der Wert des Versprechens und der Wert der Freundschaft werden gleichzeitig lebbar.

Sie will zu ihr gehen, doch dann erinnert sie sich an das Versprechen, das sie der Mutter gegeben hat.
Nun ist Maria beim Brunnen angekommen, stellt ihren mitgebrachten Krug ab und schaut in das tiefe Wasser. Sarah versteckt sich hinter einer großen Palme, die in der Nähe des Brunnens steht. Sie hört genau zu, was Maria erzählt.

Maria spricht so leise, dass es Sarah selbst aus dieser Nähe kaum hören kann. Aber Sarah strengt sich sehr an und so versteht sie alles. „Maria scheint mit ihrem Spiegelbild im Wasser zu reden", denkt Sarah und hört Maria weiter zu: „Ja, schau dich an! Maria! Wer bist du schon? Alle nennen dich nur Maria Magdalena, weil ich hier in Magdala geboren bin. Ja, früher, früher hatte ich viele Freunde. Aber heute ist alles anders. Auch ich bin so anders geworden – durch diese vielen Krankheiten. Ja, früher, da wurde ich oft in meinem Haus besucht. Doch heute bin ich allein, ganz allein. Ich habe keinen Mann und keine Kinder. Meine Eltern leben auch nicht mehr und von meinen Geschwistern weiß ich nichts. Was soll ich nur tun mit meinem Reichtum und meinem Haus?
Wenn ich jemanden einlade, kommt keiner, weil sie alle Angst vor mir haben. Nein, eigentlich haben sie Angst vor meiner Krankheit und ihrer Auswirkung. Sie sagen, dass ich spinne und verrückt bin. Für mich wird das bald alles zu viel." Maria schweigt und wirft den Holzeimer in das Wasser des Brunnens. Ihr Spiegelbild verschwindet in den Wasserringen. „Ach gerne würde ich in das Gebetshaus (in die Synagoge) gehen. Aber ich darf da ja nicht hinein. Die wichtigen Männer (Pharisäer und Schriftgelehrte) sagen: ‚Die ist krank und mit kranken Menschen will Gott nichts zu tun haben.' Das glaube ich einfach nicht!", sagt Maria und zieht kräftig den Holzeimer mit Wasser heraus und schüttet das Wasser in den Krug.
„Wenn mich doch auch jemand aus dem dunklen Loch in meinem Leben holen würde, wie ich dieses Wasser, das da ganz tief unten war, heraufhole und das nun in der Sonne funkelt." Und wieder zieht sie einen Eimer voller Wasser aus der Tiefe. Dann erstarrt sie in ihren Bewegungen auf einmal. Sarah hört, wie Maria weiterüberlegt. „Tief in meinem Herzen weiß ich, dass sich in meinem Leben etwas verändern muss. Irgendetwas muss passieren. So kann es nicht weitergehen. Ich will wieder anders sein: fröhlicher, beweglicher, zufriedener. Manchmal träume ich auch davon.
Viele Leute erzählen von diesem Jesus. Ich habe auch schon von ihm gehört. Er soll ein Wanderprediger und Heiler sein, wie es in dieser Zeit viele andere gibt. Aber die Menschen erzählen so viel über ihn. Er muss ein ganz besonderer Mensch sein. Zieht er nicht von Ort zu Ort, erzählt von Gott und heilt die Menschen? Vielleicht kommt er ja auch mal hier in Magdala vorbei. Dann gehe ich zu ihm und hoffe, dass er auch mich heilt. Und als Dank dafür schließe ich mich ihm einfach an und wandere mit ihm von Ort zu Ort. Hier mag mich sowieso keiner mehr, außer die kleine Sarah von nebenan."

Marias Stimme wird immer fester, lauter und zuversichtlicher. Sarah bemerkt auch, dass sich Marias Rücken aufrichtet, als sie

Die Erzählung enthält die **Informationen zum Herkunftsbild** Marias. (Vgl. Kap. 2, S. 15f.)
▸ Geburtsort: Magdala in Galiläa
▸ Herkunftsname, nicht Familienname
▸ früher: viele Freunde
▸ heute: Isolation durch Krankheiten
▸ keine Familie
▸ Wohlstand

Maria verweist auf die verschiedenen **Ängste** der Mitmenschen:
▸ Angst vor der **Unberechenbarkeit** Marias
▸ Angst vor der **Krankheit**
▸ Angst vor der **Ablehnung durch Gott**

Maria ist
▸ **seelisch** krank
▸ **an ihrem Leben** krank.

Ein **werteorientiertes Zukunftsbild** deutet sich an. Dafür gibt es immer mehrere Voraussetzungen:
▸ die **Überzeugung** von der eigenen **Fähigkeit, auch anders leben** zu können
▸ die **Bereitschaft zur Veränderung** der gegenwärtigen Lage
▸ den **Mut, die dafür erforderlichen Entscheidungen** zu treffen.

Werte werden als **Motive** für die Überzeugung und die Entscheidung zum Handeln sichtbar: Freude, Freiheit zur Veränderung, Zufriedenheit.
Gleichzeitig wird **Jesus** eingeführt. Der **Wanderprediger und Heiler** ist für Maria **Hoffnungsgestalt**, aus der später die Vertrauensgestalt wird.
Die äußere Geste drückt die **innere Haltung** Marias aus. Sie ändert sich durch das **bewusste An- und Hinse-**

von diesem Jesus erzählt. Dann dreht sich Maria um und schaut zur Palme, so als wüsste sie, dass sich Sarah dort versteckt hat. Dabei sieht Sarah, dass Marias Gesicht immer strahlender und leuchtender wird. Und dann lächelt Maria auch noch, nein, sie lacht so richtig vor Vorfreude.

Maria dreht sich wieder zum Brunnen und holt noch einen Eimer Wasser heraus. Dabei erfrischt sie ihr Gesicht und ihre Arme etwas. Denn die Sonne steht schon sehr hoch. Dann schüttet sie das restliche Wasser in den mitgebrachten Krug. „So, noch zwei und dann reicht das Wasser für heute!", murmelt Maria vor sich hin.

Sarah nutzt die Zeit und rennt davon. Sie hofft, dass Maria Jesus begegnen wird; denn dann wird alles wieder gut. Sie weiß es ganz gewiss in ihrem Herzen: „Maria aus Magdala. Alles wird gut werden!", ruft sie.

Maria unterbricht das Schöpfen von Wasser. Hat sie nicht gerade ihren Namen gehört? Sie dreht sich noch einmal um, sieht aber niemanden. „Das war doch die kleine Sarah von nebenan. Was sagte sie? ‚Alles wird gut werden!'" Maria lächelt und nimmt den Krug unter den Arm. Nun kann sie nach Hause gehen. Dabei träumt sie von der Begegnung mit Jesus, und wie alles wird, wenn sie wieder gesund ist. Jedenfalls freut sie sich auf die Begegnung mit Jesus. Aber der Satz will ihr nicht aus dem Kopf gehen, den Sarah gesagt hat. „Alles wird gut werden!", sagt sie noch etwas zögerlich, während sie in ihr Haus hineingeht. Als sie den Wasserkrug auf den Tisch stellt, wiederholt sie leise. „Alles wird gut!"

---

hen auf die Werte, die Maria gerne leben will. Sie entdeckt die **Begegnung mit Jesus als Chance, diese Werte zu intendieren**.

Wieder drückt die Veränderung der äußeren Erscheinung (strahlen, leuchten) den Haltungswandel Marias aus. Sie beginnt **sich das Neue zuzutrauen**.

Sarah fasst den **Lebenswunsch** Marias zusammen und verbalisiert die Hoffnung Marias: „Alles wird gut werden." Der „innere Monolog" drückt die Auseinandersetzung Marias mit der Begegnung Jesu und der möglichen Heilung aus.

Erzählung zur 2. Doppelstunde: Ich werde wertgeschätzt. Ich bin wertvoll. Ich bin wer!

- Der Wert der Wertschätzung (siehe: Kap. 1, S. 11; Kap. 2, S. 18f.)
- Die Bedeutung des Gewährens von Ansehen für einen Menschen

„Ob ich es wirklich wagen soll? Ob ich wirklich später zu Jesus gehen soll, wenn er endlich in Magdala ist? Es stehen doch immer die wichtigen Männer um ihn herum. Er wird sich bestimmt nicht um mich kümmern. Ich bin zu unwichtig für ihn – einfach eine Frau aus Magdala." Maria steht vor ihrem Haus. Gedankenverloren kämmt sie ihr langes schwarzes Haar immer wieder mit dem Kamm.

Der „innere Monolog" drückt die **Auseinandersetzung Marias mit der Begegnung Jesu** und der möglichen Heilung aus.

Gestern, als sie auf dem Marktplatz war, hat sie gehört, wie die Menschen erzählten, dass Jesus in der Nähe der Stadt gesehen worden ist. Keiner weiß, ob er wirklich heute in die Stadt kommen wird. Jeder will ihn sehen, sie auch. Während Maria aus Magdala noch ihr Haar kämmt, rennen Kinder vorbei und schreien: „Er ist da! Er ist wirklich da!" Auch Sarah rennt vorbei. Doch dann bleibt sie plötzlich stehen und schaut Maria ganz ernst an: „Jesus ist da. Da musst du hin. Er wird dich wieder heil machen. Versprecheme mir, dass du zu ihm gehst!" – „Ja, ja. Sarah!", antwortet Maria leise. Sie ist hin und her gerissen, ob sie es wirklich tun soll: „Gehe ich hin und dränge mich nach vorne zu ihm? Ach, ich weiß nicht. Alle werden mir aus dem Weg gehen! Alle werden auf mich schauen! Alle werden ausweichen. Und was mache ich, wenn auch Jesus mir ausweicht?", fragt sich Maria und blickt auf. Aber Sarah ist schon in ihrem eigenen Haus verschwunden. Denn sie will ihrer Mutter sagen, dass Jesus bereits durch das Stadttor gegangen ist.

Maria kehrt in das kühle Haus zurück. Einige Zeit vergeht. Die Stimmen draußen vor der Haustür werden immer lauter. Sie hört viele Männerstimmen, die einen Mann etwas fragen. Und dazwischen immer wieder eine warme und einladende Stimme, die ihr sehr vertraut vorkommt, obwohl sie sie nicht wirklich kennt. „Das muss die Stimme von Jesus sein. Wie er wohl aussehen mag?", fragt Maria sich und spitzt vorsichtig durch den Vorhang am Fenster. „Vielleicht kann ich ihn ja sogar erkennen", murmelt sie vor sich hin.

„Wem gehört dieses Haus?" Marias Herz bleibt stehen. Dieser Jesus hält doch tatsächlich vor ihrem Haus an. Ein langes und betretenes Schweigen macht sich breit. Keiner will Jesus antworten. „Komm, lass uns weitergehen!", drängt einer der wichtigen Männer aus Magdala. Jesus fragt noch einmal nach: „Wem gehört dieses Haus? Es sieht so einladend und liebevoll aus!" Die wichtigen Männer aus der Stadt werden langsam ungeduldig und unruhig.
Während Jesus mit den Männern vor dem Haus von Maria Magdala spricht, kommt Susanna gerade aus ihrem Haus heraus.

Trotz der Krankheiten und des Leidens verwirklicht Maria Werte wie ein schönes Zuhause. Sie ringt diese Werte ihrer Lage ab. Jeder Mensch verfügt über diese „**Trotzmacht des Geistes**" (V. Frankl), die vor allem in **Einstellungswerten** gründet. (siehe: Kap. 1.2, S. 12f.)

Sie spürt die Unruhe und hört die Ungeduld in den Stimmen der Männer. „Schnell, Sarah, du musst es Jesus sagen, wessen Haus das ist. Schnell, Sarah, lauf zu Jesus!" Verwundert schaut Sarah ihre Mutter Susanna an. „Lauf, Sarah, lauf!", ruft die Mutter noch einmal.

Sarah läuft los, drängelt sich durch die Männer hindurch und steht auf einmal vor Jesus. Ganz außer Puste sagt sie: „Maria Magdalena wohnt hier. Sie ist sehr krank und kann deswegen nicht herauskommen und dich empfangen." Jesus sieht das achtjährige Mädchen an. „Hallo! – Und wer bist du?" – „Ich bin die Sarah, eine Freundin von Maria. Maria ist sehr krank und sie braucht Hilfe. Komm!", wiederholt Sarah noch einmal und nimmt Jesus an der Hand und will Jesus in das Haus führen. „Komm mit und helfe bitte der Maria." Nun zieht Sarah richtig am Arm von Jesus. Jesus spürt, dass es Sarah sehr wichtig ist. Er geht mit ihr in das Haus hinein.

Die Männer draußen werden richtig ärgerlich und murmeln zueinander: „Was fällt dem kleinen Mädchen da ein! Unverschämt. Wir Männer haben nichts mit dieser Frau zu tun, schon gar nicht mit einer so kranken Frau." Andere sind erschüttert und fragen sich gegenseitig: „Was soll das Ganze? Wo ist eigentlich die Mutter des Kindes? Sie soll sie sofort zurückpfeifen. Wir wollen ungestört weiter mit Jesus reden." Aber darum kümmert sich Sarah nicht. Sie lässt nicht locker und zieht Jesus weiter in das Haus hinein: „Weiter, Jesus! Bitte! Maria braucht dich!"

Maria will sich am liebsten verstecken, aber sie weiß nicht wo. Schnell macht sie den Vorhang zu und die Öllampe aus. Sie will nicht, dass Jesus sie so sieht, wie sie durch die Krankheit aussieht. Maria schämt sich. Leise setzt sie sich hin. Ganz dunkel ist es in dem Raum, als Sarah und Jesus ihn betreten. Es dauert einige Minuten, bis sich alle drei Augenpaare an die Dunkelheit gewöhnt haben. Jesus setzt sich hin und schaut Maria an. Doch sie sagt nichts. Sarah holt schnell eine Schüssel mit Wasser und wäscht die Füße und die Hände des Gastes. „Eigentlich ist das meine Aufgabe, Sarah!", flüstert Maria. „Bring unserem Gast noch einen Becher mit Wasser. Er ist bestimmt durstig von der Wanderschaft!" – „Ist gut!", antwortet Sarah und holt einen Becher aus dem Regal, füllt ihn mit Wasser aus dem Krug. Dann reicht sie ihn Jesus. Er trinkt vom Wasser. Dann fragt er Maria sanft: „Deine Freundin sagt, dass du Hilfe brauchst. Wie kann ich dir helfen Maria aus Magdala?" Maria erstarrt. „Was soll ich denn jetzt sagen?" Sie spürt, dass irgendetwas Gutes und Heiles von Jesus ausgeht, das ihr unwahrscheinlich gut tut. Maria fühlt sich in seiner Nähe sehr wohl, ja geborgen. Zaghaft und ziemlich leise sagt sie nach einer ganzen Weile der Stille. „Wie du mir helfen kannst? Ich will doch nur gesund werden. Ich will werden, so wie Sarah ist: gesund und lebendig, heil und munter. Ich will wieder lachen und weinen können, tanzen und richtig schlafen. Ich will gerne Menschen einladen und mit ihnen zusammen sein. Ich will einfach gesund sein. Und ich will auch wieder in das Gemeindehaus, in die Synagoge gehen können!"

Sarah wird aufgrund ihres **Mutes** und ihrer **Handlungskraft** zur **Heldin** der Geschichte. Sie ist die **produktive Identifikationsgestalt** für die Schüler.

In der Begegnung mit Sarah drückt sich **Jesu Interesse, seine Freundlichkeit und Liebenswürdigkeit gegenüber Kindern** aus.

Die Reaktionen der Männer verbalisieren die oft erlebte **Reaktion von Erwachsenen** auf Kinder. Sie fühlen die Wichtigkeit des Augenblicks gestört.

In der Jesus-Begegnung haben **alle existenziellen Gefühle** eines Menschen ihren Platz: auch die Scham, die Unsicherheit.

Zur Zeit Jesu drückte die **Waschung des Gastes** die **Wertschätzung** und die **Gastfreundschaft** aus.

Hilfe findet im Raum der Begegnung statt. Jesus kann nur helfen, wenn der Mensch, der um Hilfe bittet, auch weiß, worin ihm geholfen werden kann. **Der Hilfsbedürftige bedarf also der Intuition, dass in seinem Leben Werte verloren gingen, die er gerne wieder leben würde.** Die Wunschseite des Lebens und die Trauerseite gehören zusammen.

Doch Maria spürt auch etwas anderes in sich. Langsam wandern Tränen in ihre Augen. Sie kann sie kaum unterdrücken. „Ja, ich will gesund werden, Jesus!", sagt sie noch einmal mit belegter und brüchiger Stimme zu Jesus. Doch da steht Jesus schon neben ihr und berührt sie ganz sanft an ihrem Ellenbogen. Und dann kann Maria nicht mehr. Sie muss einfach nur noch weinen. Endlich, endlich kann sie weinen. Ihr ganzer Körper bebt dabei. Jesus nimmt sie in seine Arme. Sie schluchzt weiter. Sarah geht hinaus; denn sie weiß, dass jetzt alles gut wird. Draußen wartet ihre Mutter Susanna und fragt sie: „Sarah, was ist mit Maria? Was macht Jesus mit Maria?" Sarah strahlt ihre Mutter an: „Maria geht es gut. Sie weint und Jesus kümmert sich um sie. Es wird alles gut werden. Lass uns auf Maria warten, Mama!" – „Gerne, Sarah. Ich will auch sehen, wie es Maria geht und vor allem auch von Jesus hören." So lehnen sich Sarah und ihre Mutter Susanna gegen die noch kühle Hauswand und warten auf Maria und Jesus. Auch die Männer warten im Schatten. Dort stehen sie und unterhalten sich weiterhin über Jesus.

In den Tränen, die die reinste menschliche Körperflüssigkeit sind, lösen sich **erstarrte Situationen** auf. Die Lage beginnt sich zu verflüssigen. Deshalb ist es wichtig, Menschen auch weinen zu lassen. Was angestaut ist, darf dann abfließen. Die Anspannung löst sich. Der **Zugang zu den produktiven Kräften** öffnet sich.

Einige Zeit vergeht und auf einmal kommt Jesus mit Maria aus dem Haus heraus. Maria strahlt über das ganze Gesicht. Jeder, der Maria nun sieht, weiß, dass etwas Unglaubliches in dem Haus passiert sein muss. Sarah stupst ihre Mutter an und meint erstaunt: „Du, Mama, schau, da sind Maria und Jesus. Maria sieht ganz anders aus." Susanna sieht es und freut sich mit Maria: „Ja, jetzt kann Maria noch einmal ein neues Leben beginnen. Jetzt ist sie geheilt und gesund. Aber schau, Sarah, was trägt die Maria da mit sich?" Sarah steht nicht mehr neben ihr. Schnell ist sie zu Maria gerannt und umarmt sie. „Maria, Maria, endlich bist du wieder gesund." Maria lächelt Sarah an. „Ja, endlich." „Und, was hast du da über deiner Schulter hängen?", fragt Sarah Maria und deutet auf die linke Schulter. „Sarah, ich werde mit Jesus fortgehen. Das wollte ich schon machen, seitdem ich von Jesus gehört habe. Heute hat er mich ganz überzeugt. Sarah, ich werde immer an dich denken und dich nicht vergessen. Tschüss, Sarah!" Maria geht in die Knie und umarmt Sarah. „Tschüss, Maria", sagt Sarah ganz tapfer und wendet sich der Mutter zu.
Jesus war inzwischen zu seinen Freunden zurückgekehrt und erzählte ihnen, was passiert ist, und dass Maria nun eine Neue in dem Freundeskreis ist.

Der **Heilungsvorgang** wird bewusst nicht beschrieben. Die Heilung bleibt unerklärt. Im biblischen Text findet sich kein Hinweis, wodurch genau Maria von den sieben Dämonen befreit wurde. Die Heilung bleibt ganz in der **Intimität der Begegnung** von Jesus und Maria. Wir erfahren nur das **Ergebnis**, die Heilung Marias und ihre Aufnahme in den Jüngerkreis. Darin dokumentiert sich das neue Leben von Maria.

Sarah und Susanna überlegen an dem Abend noch lange, wie Maria geheilt wurde. Das jedoch werden sie nie herausfinden. „So bleibt es ein Geheimnis zwischen Jesus und Maria Magdalena", denkt Sarah nach. Dann drückt sie ihrer Mutter einen Gutenachtkuss auf die Wange.

Erzählung zur 3. Doppelstunde: Ich freue mich mit dir!
- **Der Wert der Freude (siehe: Kap. 2, S. 16–17)**
- **Sich für andere freuen**

„Heute ist ein wunderschöner Tag. Ich freue mich so sehr." Maria Magdalena summt vor sich hin. Immer wieder gehen ihre Gedanken an das zurück, was sie Wunderschönes erlebt hat. Neben ihr an der Hand hüpft ihre junge Freundin Sarah auf und ab. Auch sie ist begeistert von dem, was sie heute mit Jesus erlebt hat.
Sarah und ihre Mutter Susanna haben damals noch am gleichen Tag ihre Sachen gepackt und sind mit Maria mitgegangen. Nun gehören sie alle drei zum Freundeskreis Jesu.

Erneut tritt Susanna auf. Sie wird in Lk 8,3 namentlich als Jüngerin Jesu genannt. Unsere Erzählreihe stellt sie als Mutter Sarahs vor.

Es war ein heißer und aufregender Tag und Maria ist froh, dass sie endlich an dem mit ihren Freunden vereinbarten Treffpunkt angekommen ist. Dort wartet Sarah. Maria setzt sich in den Schatten eines Olivenbaumes und will noch einmal über den Tag nachdenken. Sarah lagert sich neben sie. Maria blickt Sarah mit einem Lächeln auf den Lippen an und beginnt zu erzählen: „Mensch, war das ein Tag, Sarah. Ganz Jerusalem war unterwegs. Diesen Tag heute werde ich nie vergessen. Du hast es ja mitbekommen, wie gestern Nachmittag alles angefangen hat. Da wusste ich noch gar nicht, dass die beiden Esel mit den Ereignissen heute etwas zu tun haben werden." –
„Ja," antwortete Sarah. „Ich habe mir auch überlegt, warum Petrus und Andreas eine Eselin mit ihrem Fohlen holen sollten. Und ich habe Jesus gefragt, aber er hat gesagt: Sarah, das wirst du morgen sehen. Heute ist es noch mein Geheimnis."
Maria schaut Sarah erstaunt an: „So, so sein Geheimnis war das. Okay, aber ich habe mir gedacht, dass der Bauer bestimmt nicht fremden Männern seine Eselin mit dem Füllen anvertrauen wird. Aber er hat es doch getan. Auf einmal standen Andreas und Petrus mit den beiden Eseln da."
Maria berichtet weiter: „Erst heute früh sagte uns Jesus, was er mit dem Fohlen vorhat. Kurz vor Jerusalem haben Petrus und Andreas ihre Mäntel ausgezogen und auf den Esel gelegt. So konnte Jesu weicher auf dem Esel sitzen. Außerdem sah es auch schöner aus. Dann ist Jesus auf dem Esel in die Stadt Jerusalem eingeritten. Und deine Idee, dem Esel einen Blumenkranz zu machen, fand ich echt super!" Sarah antwortet darauf: „Ja, ich habe mir gedacht, dass der Esel mit einem Kranz auf dem Kopf einfach schöner aussieht."

Der Dialog greift die Vorbereitungen zum Einzug in Jerusalem in Anschluss an die Synoptiker auf (Mk 11,1–10; Mt 21,1–9; Lk 19,28–40). Dort beauftragt Jesus seine Jünger, eine Eselin mit ihrem Füllen zu holen.
***Der Esel** ist ein **Messiassymbol**. Der Retter am Ende der Zeiten reitet auf einem Esel. Damit deutet er an, dass er ein „niedriger König" (Gottesknecht bei Jes ist, der in den Tod geht. Das Motiv findet sich im AT bei dem nachexilischen Propheten Sacharija (9,9), der den Einritt des Friedenskönigs in Jerusalem auf einem Esel ankündigt.*

Maria greift Sarahs Erzählung auf: „Ihr Kinder seid vorgerannt und habt immer wieder gerufen: ‚Der König kommt.' Ihr hattet recht. Jesus sah auf dem Esel aus, als wäre er ein richtiger König." Maria strahlt Sarah voller Freude an: „Viele haben dann auch laut gerufen: „Hosianna. Der neue König kommt!" Immer mehr Menschen sangen, jubelten und riefen mit. – Sarah, hast du eigentlich gesehen, wie viele Leute Jesus zugejubelt und zugeklatscht haben?" Sarah antwortet: „Es waren bestimmt Tausende, Millionen Menschen." Maria lacht. „Meinst du? – Ich bin immer noch so begeistert, dass die anderen Menschen end-

Langsam wird das Motiv der Begeisterung über den anderen König Jesus aufgebaut. Bewusst sind die vorauslaufenden Kinder eingeflochten, um den Schülern eine Identifikation anzubieten.

lich begriffen haben, wer Jesus wirklich ist. Er ist unser König, unser neuer König! Und nun wird alles gut. Nun wird das Friedensreich kommen, Sarah!"
Beide schweigen und denken über das Gesagte nach.
In das Schweigen hinein fragt Sarah Maria: „Du, Maria? Darf ich dir ein paar Fragen stellen?" Maria wendet sich Sarah zu. „Natürlich darfst du das." Sarah beginnt: „Warum hatte Jesus heute keinen roten Mantel an? Und eine Krone fehlte ihm auch. Er hatte keine auf dem Kopf. Und: Normalerweise reiten doch Könige auf einem Pferd oder sitzen in einem Wagen. Auch das hat Jesus nicht getan. Es war nur ein Esel und die einzige Krone war der Blumenkranz auf dem Kopf des Esels."
Nachdenklich antwortet Maria ihrer jungen Freundin: „Aber Jesus ist ein anderer, ein besonderer König. Jesus ist ein König unseres Herzens, ein König der Liebe und ein König des Friedens. Vielleicht will er dadurch zeigen, dass er kein König ist, so wie wir ihn uns vorstellen. Aber, ich weiß es auch nicht so genau, Sarah."
Nach einer kurzen Pause fügt Maria hinzu: „Hast du nicht gesehen, dass alle Menschen ihre Obermäntel ausgezogen und auf die Straße gelegt haben. Und manche haben auch Palmzweige abgeschnitten und zu den Mäntel hingelegt." Sarah erzählt weiter. „Von vorne sah es aus, als wäre dies ein schöner bunter Teppichweg, über den Jesus mit dem Esel geritten ist. Das war super!"
Wieder schweigen beide. Sarah bewegt noch etwas: „Maria, wird Jesus nun zum König gehen und ihm sagen, dass er jetzt König ist?" Maria ist erstaunt über Sarahs Frage und antwortet: „Du kennst ja Jesus. Er entscheidet sich manchmal für etwas, was wir nicht so einfach verstehen können. Außerdem weiß ich nicht, was die Sadduzäer und die Pharisäer dazu sagen werden. Sie waren heute nicht so begeistert, dass Jesus als der neue König gefeiert worden ist. Irgendwie sahen die ganz schön sauer aus."
Sarah antwortet darauf: „Nein, Maria das bildest du dir nur ein. Jesus ist unser neuer König." Sarah springt auf und singt immer wieder: „Jesus zieht in Jerusalem ein. Hosianna."
Auch Maria steht auf. Sie vertreibt ihre trüben Gedanken über die Sadduzäer und die Pharisäer. Sie greift nach der Hand von Sarah. Beide gehen tanzend und singend zu den anderen Freunden zurück. Auch die feiern noch das Fest vom Einzug in Jerusalem.

Die Einschätzung der Zahl der Menschen, die Jesus zujubelten, wird aus kindlicher Perspektive wiedergegeben. Historisch dürfte sie nicht allzu hoch gewesen sein, da dies die römische Besatzung zum Eingreifen veranlasst hätte.
Das Motiv des **messianischen Friedenskönigs** wird eingeführt.

Die Fragen Sarahs regen zum Vergleich zwischen dem königlichen Messias und dem König als politischem Herrscher an.

Der Dialog wird auf der Ebene **wertschätzender Kommunikation** eingeleitet:
- Sarah nimmt Marias Nachdenklichkeit wahr.
- Sie fragt nach der Gesprächsbereitschaft Marias.
- So kann der Gesprächspartner entscheiden, ob er jetzt antworten will oder nicht.

Das Bild des „roten Teppichs" für den Auftritt von Prominenten wird angeregt.

Pharisäer und Sadduzäer waren diejenigen Schriftkundigen, mit deren Auffassung über die Tora sich Jesus während seines Aufenthaltes in Jerusalem immer wieder auseinandersetzen wird. Sie gehören wohl zu treibenden Kräften des sog. „Tötungsbeschlusses" (Mk 14,1).
Jesus betont die Liebe und Barmherzigkeit Gottes. Als der andere, niedrige König steht er an der Seite der Leidenden – mit Liebe, Barmherzigkeit, Wertschätzung.

Die Melodie des Liedes „Jesus zieht in Jerusalem ein. Hosianna!" bietet sich hier zum Mitsummen oder Singen an.

Erzählung zur 4. Doppelstunde: Ich frage Gott, warum ...?
- Maria sieht das Sterben Jesu (siehe: Kap. 1.3, S. 13f.)
- Die Auseinandersetzung mit der Frage „Warum?"
- Der Wert des „Aushaltens" einer sehr schwierigen Lebenslage

Maria weiß einfach nichts mehr. Sie weiß nicht mehr, wie sie hierher gekommen ist. Ihr ist auch gar nicht klar, seit wann sie so da steht. Die letzten Ereignisse waren so verwirrend, so eigenartig. Aber jetzt, jetzt ist endlich alles still – totenstill. Sie steht nur da und schaut nach vorne. Ihr Blick ist leer.

„Warum ist das passiert, Susanna?", fragt sie leise und stockend ihre Freundin. Susanna schweigt. Sie hat auch keine Antwort dazu. Sie nimmt Maria in den Arm. Maria legt ihren Kopf auf die Schultern von Susanna. „Ich kann einfach nicht verstehen, was in den letzten Tagen alles passiert ist. Nun hängt er da. Er hängt da drüben an dem Kreuz und stirbt." Marias Augen füllen sich mit Tränen. Sie beginnt heftig zu weinen. Susanna umarmt sie nun ganz fest. Umschlungen stehen die beiden Frauen auf dem Hügel gegenüber dem Berg von Golgota bei Jerusalem. Sie sehen zu, wie Jesus langsam stirbt.

Nach einer Weile löst sich Maria aus der Umarmung Susannas, wischt ihre Tränen ab und setzt sich auf den Boden. Susanna setzt sich neben sie. Marias Gedanken gehen zum gestrigen Abend zurück. Sie beginnt Susanna zu erzählen: „Es war ein eigenartiges Fest gestern Abend. Wir haben gelacht und gesungen, gegessen und getanzt. Und dann sagt Jesus auf einmal: ‚Das ist ein Abschiedsmahl. Es ist das letzte Mahl, dass wir zusammen feiern.' Ich bin sehr erschrocken; denn ich spürte, dass Jesus es ernst meinte." Maria beginnt wieder zu schluchzen. Susanna erzählt weiter: „Keiner von uns wollte es wahrhaben; aber wir wussten alle, dass es die Wahrheit ist. Ich hätte nicht gedacht, dass es so schnell sein wird."
„Nein", sagt Maria aus Magdala ganz leise, „nein, ich habe mir auch viele, viele Gedanken gemacht. Ich konnte deswegen auch nicht schlafen. Aber nun wissen wir es ja!" Maria atmet schwer durch und wischt sich ein weiteres Mal die aufsteigenden Tränen mit ihrem großen Schultertuch von den Augen. Sie spricht weiter: „Unsere anderen Freunde sitzen in dem Haus, wo wir gefeiert haben und reden darüber. Aber ich, ich musste raus. Es war mir alles zu viel. Ich will doch unbedingt in der Nähe von Jesus sein. Ich will sehen, was geschieht. Außerdem will ich nicht, dass er alleine ist." Maria versinkt wieder in ihren Gedanken. Doch dann sagt Susanna, die Mutter von Sarah: „Es war gut, dass wir Sarah bei Andreas und Petrus gelassen haben. Die letzten Tage waren so aufregend. Ich hoffe, es geht ihr gut."

Die Schüler werden langsam in das schreckliche Ereignis des Sterbens und Todes Jesu hineingenommen.

Erklärung unterscheidet sich von **Verständnis**.
Nach einem schockierenden Erlebnis stellen Menschen die **Frage „Warum?"**. Sie versuchen, das Ereignis vernünftig oder wenigstens realistisch zu **erklären**. Oft lässt sich aber keine befriedigende, beruhigende Antwort finden. Wenn es eine Antwort gibt, dann macht die Erklärung, was geschah, nichts verständlicher.

Ablauf der **Passion**:
▶ Das **Abschiedsmahl Jesu** geht
▶ dem **Prozess gegen Jesus**,
▶ dem **Todesurteil** und
▶ der **Kreuzigung** voraus.

Die Erzählperspektive der beiden Frauen macht das **Abschiedsmahl** für die Schüler verständlicher.

Sarah spielt in der vorliegenden Erzählung keine Rolle.

Maria beginnt zu beten: „Gott, du Vater von uns allen. Deinen einzigen Sohn lässt du nun sterben. Lass ihn spüren, dass du in seiner Nähe bist und gib ihm Kraft. Ich habe keine Kraft mehr und weiß nicht, wie ich ohne Jesus leben soll. Es bricht mir das Herz, Jesus so leiden zu sehen. Erlöse ihn bald von den Qualen und den Schmerzen. Sei du bei ihm! Amen." Maria hofft wirklich, dass es nicht mehr so lange dauern wird, bis Jesus tot ist.
Die Minuten vergehen, als wären sie eine Ewigkeit. Oft wiederholt sie das Gebet. Es hilft ihr, wenn sie betet. Dabei beruhigt sie sich. Dennoch bricht ihr (fast) das Herz, weil sie weiß, dass sich nun ihr Leben noch einmal verändern wird. Maria wendet sich zu Susanna und fragt sie ängstlich und traurig: „Und jetzt soll alles aus sein? Alles, was wir so Schönes erleben durften, soll aus sein? Wer erzählt uns jetzt die guten Geschichten über Gott? Wer heilt jetzt die Wunden? Wer ist jetzt für uns da?" Maria blickt nach oben und fragt Gott: „Ist es das, was du gewollt hast, Gott?"
Aber dann gehen ihre Blicke wieder zu Jesus zurück. Manchmal ist ihr Herz ganz aufgeregt, manchmal ist es ganz still und ruhig, manchmal schreit es und manchmal ist es einfach sprachlos. Doch ihre Gedanken im Kopf können nicht stehen bleiben. Sie rasen und manche von ihnen machen sich ganz schön breit da drinnen. Vor allem einer, der immer öfters auftaucht und auf einmal ganz groß in ihrem Kopf steht, als hätte ihn jemand dort hingeschrieben. Mit einem traurigen, aber sehr ernsten Blick fragt sie Jesus leise: „Was willst du uns mit deinem Tod sagen? Wozu wirst du sterben?", fragt sie Jesus leise.

Susanna schaut sie erstaunt an. Auch darauf hat sie keine Antwort. Sie sagt zu Maria: „Das ist eine komische Frage. Aber, ich kann sie dir nicht beantworten. Ich hoffe sehr, dass dir eines Tages einer die Antwort geben wird." Wie recht sie damit haben wird, ahnt keine von beiden. Auch nicht, dass diese Antwort bald kommen wird. Noch aber ist es nicht soweit.
„Maria," fährt Susanna fort, „wenn Jesus gestorben ist, werden wir die letzte Ruhestätte für ihn herrichten. Vielleicht gehe ich schnell zurück und bringe dann die Männer mit. Die können uns helfen, Jesus in das Felsengrab zu tragen." Maria antwortet: „Und ganz am Ende wird der schwere Stein noch vor das Grab geschoben. Dann ist endgültig alles vorbei!", flüstert sie unter Tränen. Susanna drückt Maria noch einmal an sich, steht auf und geht langsam zu dem Haus zurück, in dem die anderen Freunde versammelt sind und ihre kleine Tochter Sarah auf sie wartet.

Maria bleibt alleine zurück.

Das **Aushalten** der bedrängenden und belastenden Situation des Sterbens Jesu wird in verschiedenen Dimensionen vorgestellt:

▸ Maria **betet**: Gebet kann die Traurigkeit beruhigen.
▸ Maria **spricht** mit ihrer Freundin Susanna: Das Gespräch hilft, die starken Gefühle auszudrücken und offene Fragen zu klären.
▸ Maria **denkt** nach: In der beginnenden Trauer erleben Menschen, dass die Gedanken sich verselbstständigen. Den deutlichsten Gedanken festzuhalten, kann Halt in die Lage bringen.

Durch die **Trauerarbeit** werden **verlorene Werte** noch einmal angesehen und später neu definiert.

Verhaltensweisen während der **ersten Trauerphase**, unmittelbar vor oder nach dem Tod eines Menschen werden in der Erzählung dargestellt. Meist deutet sich darin bereits die **weiterführende Perspektive** für das Leben an. Die Frage nach dem „Warum?" (Erklärungen, Gründe) verändert sich zur Frage „Wozu?" (Sinn, Verständnis)

Die **Sinnfrage „Wozu?"** öffnet die geschlossene und verschlossene Trauer wieder zum Leben. Werte werden aus einer neuen Sicht wahrgenommen. Neue Werte wurden in der Trauer erarbeitet. Das Leben ohne den Verstorbenen erhält eine veränderte Grundlage.

Mit der **Grablegung** endet die Passion Jesu.
Jesus wurde in ein Felsengrab gebettet. Dazu bedarf es der Hilfe der Männer. Sie waschen nach jüdischem Brauch den Leichnam, bevor er von den Frauen gesalbt und gebunden wird.

Erzählung zur 5. Doppelstunde: Ich werde bedingungslos geliebt. Ich darf mich verwandeln.

Wert der Liebe
- als Liebesfähigkeit: Ich kann lieben.
- als Liebenswürdigkeit: Ich werde bedingungslos geliebt.
- als Erlaubnis zur Verwandlung (siehe Kap. 2, S. 16 f.)

Wieder eine Nacht, in der Maria Magdalena nicht schlafen kann. Ihre Gedanken gehen zur Kreuzigung, zum Tod Jesu und zu seiner Grablegung zurück. Die Bilder der schrecklichen Ereignisse lassen sie nicht zur Ruhe kommen – und so steht sie auf. Es ist noch dunkel, tiefe Nacht. Maria zieht sich ganz leise an und schleicht sich gerade an Sarahs Bett vorbei, als sie deren Stimme hört. „Maria!", flüstert Sarah. „Maria, kannst du nicht schlafen?" Maria geht in die Hocke, sodass ihr Gesicht ganz nah am Gesicht von Sarah ist. „Nein, Sarah, ich kann nicht schlafen. Ich werde zum Grab Jesu gehen, in den Garten. Schlaf du nur ruhig weiter!", antwortet Maria und streicht ihr sanft über die Haare. „Aber, Maria, ist das nicht gefährlich? Du bist ganz alleine." Maria schüttelt den Kopf und antwortet: „Nein, schlaf ruhig weiter. Ich werde bald wieder da sein!" Und noch einmal streichelt Maria Sarahs Haare, legt die Decke zurecht und geht auf Zehenspitzen aus dem Zimmer. Als sie die Türe schließt, denkt sie: „Sarah hat recht. Eigentlich ist es gefährlich alleine zu gehen. Aber ich wage es trotzdem." Sie spricht sich selbst Mut zu und zieht das große Tuch über den Kopf.

Gedankenverloren geht sie durch die Straßen. Alles ist still; denn der Tag hat noch längst nicht begonnen. Sie kennt den Weg und braucht kein Licht. Nur der Mond am Himmel ist ihr Begleiter. Auf dem Weg zum Grab fühlt sich Maria elend. Sie fühlt sich steif und alles lastet tonnenschwer auf ihr. Die Beine wollen sie nicht so richtig weitertragen. Nur langsam kommt sie voran. Auch in ihrem Herzen ist es dunkel. Ihr Kopf lastet wie ein Stein auf ihren Schultern. Er ist randvoll mit so vielen Gedanken, die sie in den letzten Tagen hatte: „Jesus hat mich ausgehalten, als ich krank war. Er ist zu mir gekommen und hat mich geheilt. Und nun, nun gehe ich zu ihm. Ich will ihm meine Nähe zeigen, auch wenn er sie nicht mehr spüren kann. Zu seinem Grab gehe ich. Ich verstehe das Leben nicht mehr."

Maria geht. So weit kann es nicht mehr zum Garten sein, wo Jesu Grab ist. Endlich kommt sie im Garten an. Sie macht sich direkt auf den Weg zum Grab. Sie seufzt tief. „Was mache ich eigentlich, wenn ich dort bin. Den schweren Stein vor dem Grab kann ich alleine nicht wegschieben. So gerne möchte ich noch einmal Jesus sehen. –
Aber was ist das?"
Maria erschrickt. Der große Stein liegt auf der Seite. Das Grab ist offen. „Hoffentlich hat keiner Jesus gestohlen. Wo ist er?

Die Erzählung orientiert sich an Joh 20,1–18.

Auf gleicher Augenhöhe mit einem Menschen zu sein, drückt **Wertschätzung** aus.

Die äußere Stimmung wird zum Bild für Marias inneres Empfinden. Sie erlebt eine **Krise**:
Niedergeschlagenheit, Belastung, Lähmung, Leere, Grübelattacken.
Eine Krise ist eine **produktive Lage, in der ein Mensch einen Lebensausschnitt infrage stellt, um sich neu zu orientieren**.

Maria will Jesus zurückgeben, was sie von ihm geschenkt bekam: das Aushalten ihrer Krankheiten, den Glauben an das unzerstörbare Gute in ihr (Kap. 2.3, S. 21–24), die Nähe und die Liebe, die Maria ihr Wertbild erschloss.

Maria befürchtet, dass sie Jesus nicht mehr nahe sein kann. Diese Furcht davor, dass sich der Tote unüberwindbar entfernt hat, gehört zu den **Trauererfahrungen der zweiten Trauerphase**.

Aber er kann ja gar nicht weggehen. Er ist tot. Hoffentlich sind keine wilden Tiere drinnen, und ...!"
Maria kann den Satz nicht zu Ende denken. Ihre Schritte und ihr Atmen werden immer schneller. Ganz außer Atem steht sie vor der geöffneten Grabkammer. Ihr einziger Gedanken ist: „Jesus ist weg!" Maria beginnt heftig zu weinen. Sie weint so heftig, dass sie am ganzen Körper zittert und bebt. Da hört sie zwei Stimmen aus dem Inneren der Grabkammer: „Frau, warum weinst du?" Maria will nicht hineingehen. Sie blickt nur hinein und sieht zwei Engel in weißen Gewändern dasitzen, den einen da, wo Jesu Kopf lag, und den anderen dort, wo Jesu Füße waren. Maria bleibt stehen, wo sie ist. Sie klagt den beiden Engeln: „Sie haben meinen Herrn weggenommen und ich weiß nicht, wohin sie ihn gelegt haben!"

Maria wundert sich nicht über die **Anwesenheit der beiden Engel**. Sie erklärt, was sie bewegt: die Befürchtung über den Verlust Jesu. Dahinter steht die **Sorge, keinen Ort der Trauer** zu haben.

Dann blickt sich Maria um. Sie wendet sich nach hinten, um zu sehen, wohin sie Jesus vielleicht gebracht haben könnten. Auf einmal steht ein Mann vor ihr. In ihrer Aufregung hörte sie ihn nicht kommen. Aber das verwundert Maria nicht. „Heute ist sowieso alles anders als sonst", denkt sie sich und überlegt, wer der Mann vor ihr sein könnte: „Das ist der Gärtner des Gartens. Der weiß bestimmt, wohin sie Jesus gebracht haben. Ich werde ihn ...!" Doch bevor sie ihn fragen kann, spricht der Mann sie an: „Frau, warum weinst du? Wen suchst du?" Maria denkt weiterhin, dass der Mann vor ihr der Gärtner ist: „Herr, wenn du ihn weggetragen hast, sagt mir, wohin du ihn gelegt hast, und ich werde ihn holen." Maria will unbedingt wissen, wo Jesus hingebracht worden ist. Nur noch diesen einen Gedanken hat sie im Kopf. Erwartungsvoll schaut sie den Gärtner an. „Vielleicht erfahre ich jetzt, wo Jesus ist!", sagt sie zu sich selbst und will noch einmal nachhaken.

Ein zweites Mal wird Maria gefragt, weshalb sie weint. Der „Gärtner" ergänzt seine Frage mit einiger Empathie: Er erkennt, dass Maria eine Suchende ist, ein Mensch, der den Weg aus der Krise sucht.
Maria hält sich in der beginnenden Trauer daran fest, dass sie einen Ort braucht, an dem sie dem toten Jesus nahe sein kann. Ihre Trauer bedarf eines festen Platzes. So kann die **Beziehung zum Verstorbenen** aufrecht erhalten werden.

„Maria!", sagt der Mann. Sie kennt diese Stimme. Sie ahnt plötzlich, wer sie angesprochen hat. Die Stimme ist ihr so vertraut geworden, weil diese Stimme sie schon tausendmal bei ihrem Namen gerufen hat. Maria wendet sich noch einmal um und ruft, bevor sie darüber nachdenken kann, aus tiefstem Herzen: „Rabbuni – Meister!" Da begreift sie, wer vor ihr steht: „Es ist Jesus, der mich bei meinem Namen gerufen hat." Jesus wendet sich an Maria:
„Halte mich nicht fest. Ich habe meine Aufgabe noch nicht erfüllt. Ich muss zu meinem Vater und Gott zurückkehren, der auch euer Vater und Gott ist."
Maria begreift immer mehr: „Ich kann diesen Jesus nicht festhalten. Ich darf es auch nicht. Ich darf nicht nur an mich selbst denken. Jesus ist nicht mein Besitz. Er gehört uns allen."

Beim **Namen gerufen** zu werden ist:
▶ **Wertschätzung** des Menschen
▶ **Wahrnehmung** der Einzigartigkeit des anderen
▶ **Angebot** zur Bindung
▶ **Erschließung** eines neuen Lebensraumes.

Maria hört Jesus weiter zu: „Gehe zu den anderen zurück und verkündige ihnen die Frohe Botschaft!"

Das, was Jesus gesagt hat, verändert Marias Herz und Gedanken schlagartig. Alles Düstere, Schwere und Belastende fällt auf einmal von ihr ab. Anderes und Neues breitet sich in ihr aus, das groß und wundervoll ist. Sie fühlt sich viel lebendiger, so als würde neues Leben in sie hineinfließen. Sie spürt einen

Jesus definiert **Marias Bindungswunsch** neu:
▶ Sie „gehören" einander nicht im Sinne eines ausschließlichen Besitzes.
▶ Die Begegnung erschließt für beide **neue Aufgaben**: individuelle **Vollendung**.
▶ Jesus vollendet seine Sendung durch Gott.
▶ Maria erhält ihre Sendung durch Jesus.
▶ Maria wird zur **Mitauferstandenen** Jesu.

tiefen Frieden in sich, eine Liebe, die sie so annimmt, wie sie ist, und die sie zu den anderen trägt. Die tiefe Gewissheit erfüllt sie: Jesus lebt.

Voller Kraft, voller Mut, voller Lust, voller Lebendigkeit, leicht, freudig, zufrieden läuft sie nach Hause. Sie reißt die Türe auf und ruft jubelnd in das Haus: „Ich habe ihn gesehen!"

Sarah springt auf und läuft auf Maria zu. Erstaunt fragt sie: „Maria, was ist passiert? Du bist so verwandelt! So voller Leben. Hast du Jesus wirklich gesehen?" Maria beginnt Sarah und den Freunden zu erzählen: „Ja, ich habe ihn gesehen – den auferstandenen Herrn. Er hat gesagt: ..."

Wie sich Maria und der auferstandene Jesus verabschiedet haben, wissen wir nicht. Was sie den Freunden, Freundinnen und den Kindern, die dabei waren, alles erzählt hat, wissen wir auch nicht. Wichtig ist, dass Maria den lebendigen, auferstandenen Jesus gesehen und von ihm weitererzählt hat. So ist Maria aus Magdala die wichtigste Frau im Freundeskreis Jesu geworden. Sie ist die Erste, die dem auferstandenen Jesus begegnete. Und sie hat mehr von der Auferstehung begriffen als ihre Freunde.

Maria ist damit die **erste und privilegierte Botin der Auferstehung** Jesu für den Jüngerkreis.

Die liebevolle Lebendigkeit Jesu steckt Maria an. Seine **Liebe kennt keine Bedingungen**. Sie öffnet den Blick für das **persönliche Wertbild**.
Maria erlebt den **Segen** des neuen Lebens und darin auch ihre **Sendung**.
(Kap. 2.3, S. 23f.)
Die Verwunderung Sarahs thematisiert die **erneute Wandlung** Marias.
(Kap. 2.2, S. 20f.)

Die biblischen Texte enthalten immer wieder nicht näher beschriebene Situationen. Es ist auffallend, dass der Text auf den genauen Inhalt des Berichtes Marias verzichtet. Damit bleibt die Sendung Marias ganz bei ihr und merkwürdig offen.

Erzählung zur 6. Doppelstunde: Ich kann zum Segen werden. Ich kann ein Segen sein.

- Wert des Segens (siehe Kap. 1.2, S. 12)
- Erleben des „Gesegnet seins"

Am frühen Morgen sitzen Maria und Sarah auf einer kleinen Mauer am Ufer des Sees Genezareth. Sie unterhalten sich. Es ist schon einige Zeit vergangen, seitdem Jesus zu seinem Vater in den Himmel zurückgekehrt ist.
Auf einmal fragt Sarah: „Maria, was würdest du aufschreiben, wenn du ein Buch schreiben würdest?" Maria überlegt: „Mmh ... Lass mich mal nachdenken ... Ich würde erzählen, wie Jesus mich geheilt hat, wie ich vorher gelebt und was ich dann mit ihm erlebt habe. Vor allem würde ich über den Tod Jesu und seine Auferstehung erzählen! Alles möchte ich erzählen, was mir im Glauben an Jesus und Gott wertvoll geworden ist."

Sarah schaut Maria an: „Und, was ist dir wichtig geworden in der Zeit mit Jesus?" Maria blickt auf den See Genezareth hinaus. Sie sieht die Boote hin und her schaukeln, beobachtet die Männer, wie sie ihre Netze säubern, und sagt nach einer Weile des Schweigens: „Sarah, mir ist der Segen wichtig geworden. Als ich so krank war, habe ich den Segen Gottes nicht mehr spüren können. Alles war so dunkel, ich war oft so wütend und konnte mich nicht beherrschen. Ich verlor wegen jeder Kleinigkeit die Fassung." Sarah nickt und sagt ganz leise: „Manchmal habe ich Angst vor dir gehabt, wenn du mal wieder so verrückt warst." – „Tut mir leid, Sarah. Oft habe ich mir gewünscht, das Leben würde anders sein, als es war. Ich wusste immer, dass ich mehr bin als das, was die Menschen von mir sehen. Aber keiner glaubte mir dies. Die meisten Menschen haben immer weggesehen, wenn ich gekommen bin. Es war die dunkelste und schlimmste Zeit in meinem Leben."
Beide schweigen wieder und blicken auf den See hinaus.
„Und dann kam Jesus!", wirft Sarah freudig ein. „Ja, dann bin ich Jesus begegnet und auf einmal hat sich so viel verändert. Er hat mich geheilt, sodass ich gesund geworden bin. Jesus hat mich aus meiner Dunkelheit und von meinen Ängsten befreit. Aber es war noch viel mehr, was er mir Gutes getan hat. Er ist für mich ein Segen. Und ich bin heute noch so glücklich, dass ich mich entschieden habe, mit ihm und seinen Freunden zu gehen. Ich, nein, wir beide waren ja von Anfang an dabei. Zu Jesus hatte ich von Beginn an großes Vertrauen. Jesus hat in mir mehr gesehen, als ich selbst von mir sehen konnte. Ich habe mich immer wohl gefühlt, ja, ich war geborgen. Während ich immer wieder mein Geld eingebracht habe, denn ich war ja eine reiche Frau, habe ich mit der Zeit gelernt, dass ich mehr bin als die, die Geld gibt. Ich kann gut zuhören, habe mit den Männern diskutiert. Jesus wusste, dass er sich auf mich verlassen kann und viele Menschen fühlen sich wohl, wenn sie mit mir zusammen sind."
Sarah blickt Maria wieder an. „Ja, das stimmt. Du hast viele

Die Erzählung hält bewusst offen, ob die fiktive Geschichte **vor oder nach dem Pfingstgeschehen** spielt.

Sarah übernimmt für den **Lebensrückblick Marias** die Aufgabe der Interviewerin.

Zustandsbild Marias:
Das vertraute Bild der Fischer am See unterstreicht die Veränderung der Person Marias. Sie lebt mit einer **neuen Aufgabe** in ihrer **vertrauten Umwelt**.

Schwierige Lebenslagen verstellen den Blick auf das Gute, Wertvolle, den Segen, der uns gewährt wird – und der wir sein können. Das führt zu einem Zustand, in dem der Mensch glaubt, nicht mehr zu leben. Logotherapeutisch spricht man von der „existenziellen Frustration". (Kap. 1.2, S. 12; 1.3, S. 13f.)

Die erste Wandlung Marias:
In der Heilung erlebt Maria erstmals **Jesu Kraft zur Veränderung** und seine Lebenseinstellung: Liebe zum Leben und zu den Menschen.
Jesus wurde zum Segen für Maria. Der **Segen beschreibt die Wirkung der Liebe Jesu**. Jeder Mensch kann für seinen Mitmenschen ein Segen sein. (Kap. 1.2, S. 11)
Die **Entscheidung** drückt aus, dass jemand den gewährten Segen annimmt.

Freunde gewonnen, weil du so bist, wie du bist. Du warst für uns alle sehr wichtig."

Maria blickt nun auch Sarah an und drückt ihr dankbar kurz die Hand. „Ich danke dir, Sarah. Du hast ja erlebt, wie ich mich verändert habe. Weil ich geliebt wurde, konnte ich mich auch so leicht einbringen. Es hatte Sinn für mich, es war so wertvoll für mich. In dieser Zeit – sie war eine ganz besondere Zeit – habe ich erleben dürfen, was Jesus mit der Liebe Gottes meint. Jeden Tag habe ich diese Liebe neu erleben dürfen. So wie die Sonne, die jeden Tag neu aufgeht, so war Gottes Liebe jeden Tag für mich wieder da. Das ist für mich Segen: Gottes Liebe zu spüren!"

Maria denkt gerne an diese schöne und aufregende Zeit zurück. Sarah reißt sie aus ihren Gedanken: „Und dann kam der Tod Jesu! Ich weiß, dass du gar nicht so gerne darüber sprichst, aber …!" Sarah will weiterreden, doch Maria unterbricht sie: „Sarah, es ist schon in Ordnung. Endlich, so habe ich gedacht, habe ich gefunden, wonach ich mein Leben lang gesucht habe. Dann musste Jesus sterben. Ich dachte zuerst, alles ist aus. Der Boden wird mir unter den Füßen weggerissen. Mein ganzes Leben geht wieder einmal den Bach runter. Weißt du, ich wollte nicht davonlaufen, wenn Jesus hingerichtet wird. Er ist auch vor mir nicht davongelaufen, als ich so krank war. Er hat mich geliebt, so wie ich bin. Und ich wollte ihm diese Liebe wiederschenken, vor allem auch während seines Sterbens. Da habe ich in mir, in all meiner Trauer, eine tiefe und haltende Kraft gespürt. Vielleicht hat auch Gott mir diese Kraft geschickt."
„Du meinst, es war wie eine Segenskraft?", fragt Sarah. – „Ja! Das könnte sein, Sarah, dass es eine Segenskraft war. Am nächsten Morgen bin ich ja wieder zum Grab gegangen und dann kam alles ganz anders. Ich habe Jesus wiedergefunden, aber es war nicht so, wie ich es mir vorgestellt habe. Festhalten wollte ich ihn, für immer in mein Herz einsperren. Du kennst die Geschichte."
Sarah sieht Maria an. „Erzähle doch noch einmal den Teil mit dem Namen. Und was dich doch so verwandelt hat. Hast du dich verwandelt?" Maria blickt Sarah erstaunt an. „Also, als Jesus meinen Namen so liebevoll ausgesprochen hat, begriff ich auf einmal, was mir wirklich wichtig und wertvoll ist. Ich konnte es klar sehen und war hellwach. Ich hatte nicht nur den Eindruck, dass Jesus mich liebt, sondern, dass die Liebe mich ganz ausfüllt und dass sie über mich hinausgeht. Jesus hat mich dazu ausgesucht, von seiner und Gottes Liebe zu erzählen. Er hat mich beauftragt, selbst ein Segen für andere zu sein. So wurde ich zur ersten Botin der Auferstehung. Dies alles hat mich ein weiteres Mal so verwandelt, dass ich es heute noch kaum begreifen kann."

Sarah nickt und stimmt ein: „Mmh. Wenn ich mal groß bin, will ich auch so werden wie du, Maria aus Magdala!" Maria lächelt sie an: „Nein, Sarah, du sollst so werden, wie du als Sarah bist. Das ist viel wichtiger; denn du bist einmalig und einzigartig auf dieser Welt. Und diese Welt braucht dich und das, was du alles an Gutem, an Segen einbringen kannst!"

Die **Einmaligkeit und Einzigartigkeit** (Wertvolles, Bestes, Potentiale, Ressourcen) im anderen Menschen wahrnehmen können, ist ein **Ausdruck der Liebe** zueinander.
Bewusst konkretisiert der Erzähltext **einzelne wertvolle Haltungen**:
▸ Vertrauen schenken, vertrauen können,
▸ Fähigkeit zum Zuhören,
▸ Verlässlichkeit,
▸ Geborgenheit schenken,
▸ Bereitschaft zum Gespräch.
Die Schüler werden angeregt, **Wertvolles an sich selbst** zu verbalisieren.

Trost besteht darin, für schwierige, ausweglose Lebenslagen **im Nachhinein einen Sinn** zu finden.

Die **Kraft Gottes** wird hier als **Segenskraft** bestimmt.

Die zweite Wandlung Marias:

Wir haben keinen biblischen Hinweis darauf, wie Jesus Marias Namen aussprach. Die Wirkung der Namensnennung auf Maria besteht theologisch in einem **Offenbarungsereignis**.
▸ Maria erkennt den Auferstandenen.
▸ Maria nimmt den Auferstandenen als den Jesus wahr, der sie liebt.

Die Erkenntnis in Verbindung mit der Wahrnehmung, also die **Identifikation des Auferstandenen mit dem historisch erlebten Jesus** qualifiziert Maria zur ersten Auferstehungsbotin. Sie erlebt die zweite Wandlung als **Mit-Auferstehung**.

Maria steigt von der Mauer herunter und reicht Sarah die Hand: „Komm, lass uns gehen. Es wird ziemlich heiß!" So gehen Maria und Sarah zurück zu Susanna, die schon auf sie wartet. Dabei überlegen sie, wie sie beide heute zum Segen für andere werden können.

Selbsttranszendenz:
Maria ermutigt Sarah, zu sich selbst zu stehen, sie selbst zu werden. Darin wird Maria als **Entwicklungsgestalt** dargestellt (Kap. 1.3, S. 12–14).
Sarah steht für jeden Menschen, der seinen persönlichen Beitrag zum Leben gestalten und einbringen kann. Dabei achtet er auf die Potentiale und auf den Segen Gottes. Er wird als **spirituelle Ressource** eingeführt. Das Wertvolle, das Gute, das Einmalige und Einzigartige, als das jeder Mensch von Gott gewollt ist, kann zum Segen für alle anderen Menschen und für die Welt werden. Selbsttranszendenz heißt in diesem Kontext: **Wir erleben uns als gesegnete Menschen, in dem wir den Segen an andere weitergeben** (Kap. 2.1, S. 19).

3 Arbeitsblätter, Bilder und Kopiervorlagen

Arbeitsblatt zur 1. Doppelstunde — AB 1A

Welche Auswirkungen haben die Krankheiten auf das Leben Maria Magdalenas?

Marias Leben ist schwierig, seit sie sehr schwer krank ist.

Was kann Maria nicht tun?

Was hat sie verloren?

Wie muss sie leben?

Maria Magdalena

- hat keine _____.

- kann nicht _____.

- ist _____.

- _____.

- _____.

Was hat sich also verändert, seit Maria Magdalena krank ist?

_____

_____

_____

_____

Arbeitsblatt zur 1. Doppelstunde — AB 1B

Marias Leben ist schwierig, aber sie hat Träume und Wünsche:

Was wünscht sich Maria?

Wovon träumt Maria?

Maria Magdalena

- wünscht sich _____
  _____.

- träumt von _____
  _____.

- wünscht sich _____
  _____.

- träumt von _____
  _____.

- wünscht sich _____
  _____.

- träumt von _____
  _____.

Arbeitsblatt zur 2. Doppelstunde AB 2

Maria kann Vieles machen, seit sie von Jesus geheilt ist.

Was wünscht sich Maria?

Wovon träumt Maria?

Maria Magdalena

- kann nun _____

  _____ .

- _____

  _____ .

- _____

  _____ .

- _____

  _____ .

- _____

  _____ .

- _____

  _____ .

- _____

  _____ .

Arbeitsblatt zur 3. Doppelstunde — AB 3A

Was unterscheidet Jesus von anderen Königen?

Woran erkennst du eine Königin oder einen König?

Eine Königin, einen König erkennt man an

- _____
- _____
- _____
- _____
- _____
- _____
- _____
- _____
- _____
- _____
- _____
- _____

Arbeitsblatt zur 3. Doppelstunde — AB 3B

Woran erkannten die Menschen, dass Jesus ihr neuer König ist?

Jesus ist ein König, weil

- _____
- _____
- _____
- _____
- _____
- _____
- _____
- _____
- _____
- _____
- _____
- _____
- _____
- _____

Arbeitsblatt zur 4. Doppelstunde

AB 4A

Maria Magdalena hat Fragen an Gott:

1. _____

2. _____

3. _____

4. _____

Arbeitsblatt zur 4. Doppelstunde — AB 4B

Wozu bist du gestorben, Jesus?

Jesus ist gestorben, um

- _____
- _____
- _____
- _____
- _____
- _____
- _____

Was will mir dein Tod sagen, Jesus?

Dein Tod ist für mich

- _____
- _____
- _____
- _____
- _____
- _____

Arbeitsblatt zur 6. Doppelstunde

Was ich gut kann ...

Menschen können

- gut zuhören
- gut erzählen
- fair spielen
- gut trösten
- liebevoll helfen
- Dinge teilen
- Streit schlichten

- herzlich lachen
- sich mit anderen freuen
- liebevoll danken
- Spaß machen
- andere beruhigen
- alleine sein
- echte Freunde, Freundinnen sein
- …

Ich, _____, kann besonders gut _____.

Bild zur 1. Doppelstunde

Bild 1 — 1. Seite Maria-Magdalena-Heft

Maria Magdalena hat vieles erlebt, seit sie krank ist.

-
-
-

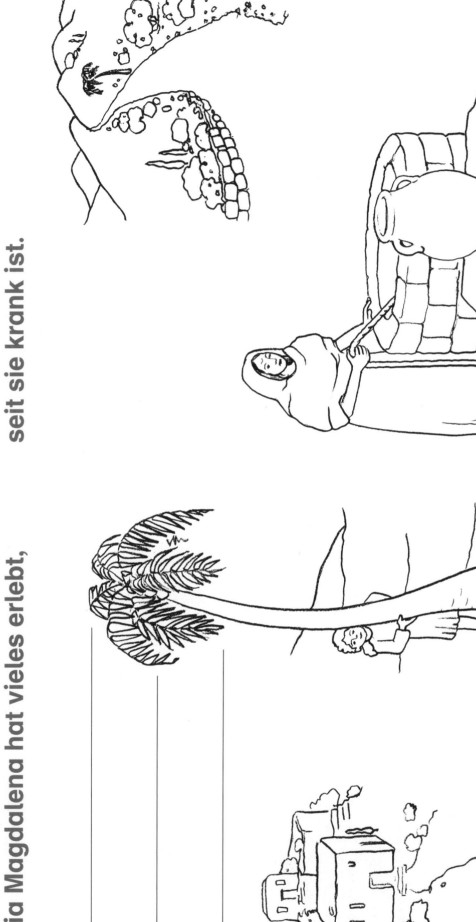

Bild 2 zur 2. Doppelstunde — **Bild 2**

2. Seite Maria-Magdalena-Heft

Maria Magdalena kann vieles machen, seitdem sie von Jesus geheilt wurde.

-
-
-

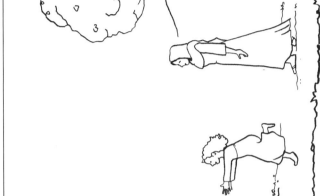

Bild 3

Bild zur 3. Doppelstunde — **3. Seite Maria-Magdalena-Heft**

Maria Magdalena freut sich mit Jesus.

Er ist der neue König.

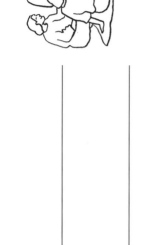

Bild zur 4. Doppelstunde | **Bild 4**

4. Seite Maria-Magdalena-Heft

Maria Magdalena hat Fragen an Gott.

Ich frage Gott, warum …?

Trauer ist wie _____

Bild zur 4. Doppelstunde

Mein persönliches Kreuz

Bild 6

6. Seite Maria-Magdalena-Heft

Bild zur 5. Doppelstunde

Maria Magdalena begegnet dem auferstandenen Jesus.

Die Liebe Gottes ermöglicht

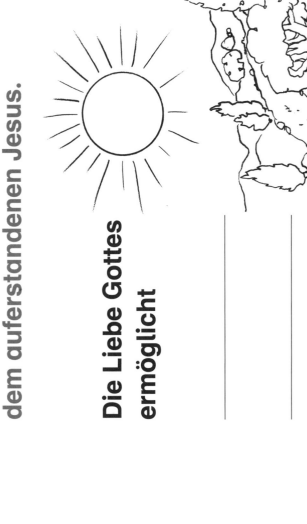

| Muster | Bild 7 |

Ich kann zum Segen werden.

	Bild 6	
Bild 1	Bild 2	Bild 3
	Bild 4	

Der Lebensweg Maria Magdalenas ist ein _____.

Jesusfigur am Kreuz KV

Sonnenstrahl KV

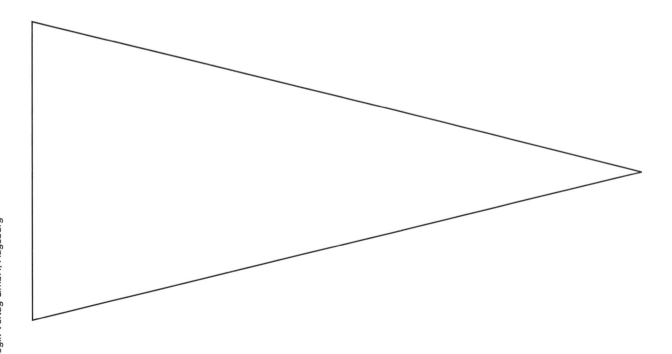

Ja- und Nein-Karten KV

Ja	Nein
Ja	Nein
Ja	Nein
Ja	Nein
Ja	Nein
Ja	Nein

Krone

KV

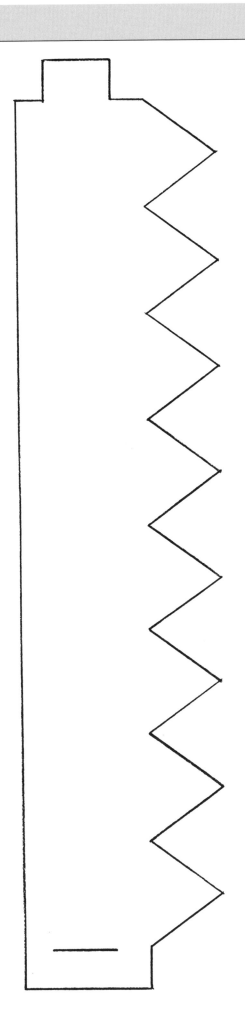

Gefühlskarten KV

Mut	Freude
Glück	Frieden
Hoffnung	Vertrauen
Zuversicht	Lebenslust
Lebendigkeit	Gemeinschaft
Geborgenheit	

Ingrid Walz/Christoph Riedel: Christliche Werte vermitteln – ganz konkret – Maria Magdalena · Best.-Nr. 715
© Brigg Pädagogik Verlag GmbH, Augsburg

Symbolkarten KV

107

Symbolkarten

4 Anleitung zum Maria-Magdalena-Heft

Allgemeine Informationen:
Das „Maria-Magdalena-Heft" erstellen die Schüler während der Unterrichtseinheiten oder als Hausaufgabe. Da das „Heft" sicherlich nicht von allen Kindern während der Unterrichtseinheiten fertiggestellt wird, planen Sie am Ende des Zyklus eine Stunde ein, um es abzuschließen. In dieser Stunde können die Schüler ihr Heft noch schöner und kreativer weitergestalten. Anschließend können die Kinder ihr Heft mit nach Hause nehmen, ihren Eltern und Freunden zeigen und sich an die Geschichten erinnern. Die Hefte sind auch bestens geeignet, um im Klassenzimmer oder in der Schule ausgestellt zu werden.

1. Der Aufbau des „Maria-Magdalena-Heftes":
1. Titelblatt: Maria Magdalena (vgl. unten).
2. Maria Magdalena hat vieles erlebt, seit sie krank ist. (Bild 1)
3. Maria Magdalena kann vieles machen, seitdem sie von Jesus geheilt wurde. (Bild 2)
4. Maria Magdalena freut sich mit Jesus. Er ist der neue König. (Bild 3)
5. Maria Magdalena hat Fragen an Gott. Ich frage Gott, warum? (Bild 4)
6. Mein persönliches Kreuz. (Bild 5)
7. Maria Magdalena begegnet dem auferstandenen Jesus. (Bild 6)

2. Mögliche Ergänzungen:
Wenn Sie wollen, können Sie auch nach der Titelseite eine Inhaltsangabe einfügen oder/und nach der letzten Seite ein Bild malen lassen, in dem der Segen weitergegeben wird.

3. Anleitung zum Heft:
3.1 Das Titelblatt (Deckblatt)
Auf das Deckblatt können die Kinder am Ende der Einheit Maria Magdalena (evtl. mit der kleinen Sarah) malen.
Es sollte gestaltet werden, bevor das „Heft" zusammengeklebt wird.

Vorschläge für den Titel:
- „Maria Magdalenas Lebensweg"
- „Maria Magdalenas Weg mit Jesus"
- „Maria Magdalenas Weg zum Segen"
- „Maria Magdalena, die erste Botin/Gesandte Jesu"
- „Maria Magdalena, die erste Osterzeugin"
- „Maria Magdalena und die Frohe Botschaft"
- „Maria Magdalena und die Liebe Gottes"
- „Maria Magdalena sagt „Ja" zum Leben"
- „Maria Magdalena wendet sich dem Leben zu"
- „Maria Magdalena verändert ihr Leben"
- „Maria Magdalena – eine Frau, die das Leben findet"
- „Maria Magdalena – eine Gesegnete und Gesandte Jesu/Gottes"

Der Titel kann von Ihnen mit schöner Schmuckschrift oder von den Kindern selbst gestaltet werden.

- Das Deckblatt kann auch kreativ gestaltet werden, indem z. B. das Kleid von Maria Magdalena und evtl. von Sarah mit Stoffresten verziert wird. Die Kinder schneiden die Kleider aus und kleben sie auf. Dafür benötigen die Kinder in der Regel eine Vorlage. Oder:
- Die Schüler wählen ihr Lieblingsbild von Maria Magdalena aus den sechs Bildern, schneiden es aus und kleben es auf das Deckblatt. Anschließend bemalen oder gestalten sie das Bild.

3.2 Das Zusammenkleben des Heftes

1. Die Rückseite (leere Seite) des Deckblattes quer auf den Tisch legen und in der Mitte falten (vertikaler Bruch). Blatt wieder aufklappen.
2. Bild 1 (Bild liegt vor Ihnen) in der Mitte falten und die linke Rückseite von Bild 1 auf die linke Rückseite des Deckblatts kleben. Die rechte Seite von Bild 1 umklappen.
3. Bild 2 (Bild liegt vor Ihnen) in der Mitte falten und die linke Rückseite von Bild 2 auf die umgeklappte Seite von Bild 1 kleben. Die rechte Seite von Bild 2 umklappen.
4. Verfahren sie mit allen weiteren Seiten genauso.
5. Am Ende kleben Sie die beiden übrig gebliebenen rechten (leeren) Rückseiten des letzten Bildes (Bild 6) und des Deckblattes aufeinander. Damit ist das Maria-Magdalena-Heft fertiggestellt.

Tipps:
- Es ist sinnvoll für die Titelseite des Heftes ein etwas dickeres Papier (160 Gramm) zu verwenden.
- Probieren Sie das Falten und das Kleben des Buches selbst einmal aus, bevor Sie es den Kindern erklären.
- Üben Sie mit den Kindern das Falten und Kleben des Heftes. Sie können dazu Schmierpapier verwenden.
- Je schöner das Heft wird, desto lieber sehen es sich die Kinder in den folgenden Wochen an.
- Vielleicht können Sie auch eine kleine Ausstellung der „Bücher" machen.
- Vielleicht entdecken Sie noch weitere kreative Möglichkeiten, das Heft zu gestalten.

5 Registerkarten zu Grundlagen des Stundenzyklus

5.1 Registerkarte: Der Beginn der Stunde

Beginn der Stunde	
Brückenzeit	Die Lehrkraft erwartet die Schüler. Der Raum ist für die Stunde vorbereitet: • Die Sitzplätze sind verfügbar. • Es ist gut gelüftet. • Die Tafel ist geputzt. • Materialien und Medien sind griffbereit vorbereitet. • Der Raum „atmet" eine gewisse Ordnung. Die Kinder kommen am Anfang der Stunde mit dem, was sie gerade bewegt, zur Lehrkraft: • Streitigkeiten • Geschenke • Freundschaften • Schwierigkeiten in der Familie
Unterrichtsmaterialien der Schüler	Die Schüler richten die eigenen Unterrichtsmaterialien her: • Federmäppchen, Schreibgeräte • Kleber, Schere • Heft, Unterrichtsmappe • evtl. Buch, Bibel
Essen, Trinken	*Entscheiden Sie im Rahmen der Schulvereinbarungen, ob die Schüler zu Beginn noch fünf Minuten essen oder trinken dürfen.*
Belohnungssystem	„Belohnungssystem", S. 26
Abschluss der Brückenzeit Beginn des Unterrichts	Ein akustisches Signal dient als Zeichen dafür, dass die „Brückenzeit" vorbei ist. Damit beginnt der Religionsunterricht.

5.2 Registerkarte: Begrüßungsritual

Begrüßungsritual	
Akustisches Signal	Das akustische Signal verdeutlicht den Schülern den Beginn des Unterrichts.
Starten	Die Lehrkraft steht so vor der Tafel, dass alle Schüler sie wahrnehmen können. Körperlich drückt die Lehrkraft jetzt Präsenz aus. Ihre Haltung ist einladend und offen.
Begrüßung	Das Begrüßungsritual stiftet die Bereitschaft zur Interaktion aller am Unterricht Beteiligten. Voraussetzung ist, dass dafür in der Gruppe Ruhe herrscht. (1) Frage der Lehrkraft an eine Schülerin/an einen Schüler: *Wie geht es dir (Namen des Schülers, der Schülerin)?* Antwort des Kindes ... (2) Das Kind, das gerade geantwortet hat, wendet sich einem Mitschüler, einer Mitschülerin zu: *Wie geht es dir (Namen des Mitschülers, der Mitschülerin)?* Antwort des Kindes (3) Das Frage-Antwort-Spiel wird solange wiederholt, bis alle Mitglieder der Unterrichtsgruppe begrüßt wurden.

5.3 Registerkarte: Abschiedsritual

Verabschieden	
(1) einfache Form	Am Ende der Stunde verabschieden sich alle voneinander mit dem Satz: „Auf Wiedersehen alle miteinander!"
(2) persönliche Form	Die Lehrkraft verabschiedet an der Tür jedes Kind einzeln mit der Hand. Hier ist auch noch einmal der Zeitpunkt dem Kind einen wertschätzenden und/oder lobenden Satz mit auf den Weg zu geben. Dies benötigt ein bisschen Zeit und hängt von der Gruppengröße ab.
(3) Segenslied	Gemeinsam wird ein Segenslied, wie z. B. „Gott dein guter Segen ..." gesungen.
(4) Wertschätzende Form	Am Ende der Stunde nehmen Sie sich noch einmal 15 Minuten Zeit (je nach Gruppengröße). Alle stehen im Kreis und ein Kind rollt/wirft einen Ball (Filzkugel) einem anderen Kind zu und sagt dabei einen wertschätzenden Satz zu ihm. Das Kind, das den Ball erhalten hat, rollt ihn zu einem anderen Kind und spricht diesem einen wertschätzenden Satz zu usf.

5.4 Registerkarte: Symbolkarten für die Unterrichtsmethoden

Hier finden Sie eine Zusammenstellung aller Symbolkarten (Symbolkarten siehe S. 107f.), mit denen Sie Unterrichtsmethoden ankündigen oder visualisieren können. Damit machen Sie den Unterrichtsprozess für die Schüler transparenter. Gerade im Förderschulbereich strukturieren die Karten den Ablauf. Die Kinder orientieren sich am Symbol. Sie unterstützen dadurch den selbstständigen Arbeitsstil in ihrer Unterrichtsgruppe.

Symbolkarten	
Andacht/kurzes Gebet	Symbol: Brennende Kerze
Erzählung	Symbol: Ohr
Kreative Phase	Symbol: Schere, Kleber, Stift
Körperübung	Symbol: Strichmännchen
Stille oder Meditation	Symbol: Finger am Mund
Vertonung von Stimmungen und Gefühlen	Symbol: Klangschale
Spiel oder spielerische Übung	Symbol: Smileys
Arbeit mit Figuren	Symbol: zwei Figuren
Überraschung	Symbol: Sonne
Singen	Symbol: Noten
Aufschreiben	Symbol: Heft und Stift
Plenum, Sitzkreis	Symbol: Kreis

5.5 Registerkarte: Gebet und Segnung

Gebet und Segnung	
Vorbereitungen zum Gebet • **Gebetsort** • **Hilfsmittel**	Ein Gebetsort wird ausgesucht und festgelegt. Das Beten kann durch Hilfsmittel unterstützt werden: • Teppichfliese • Tuch in den liturgischen Farben des Kirchenjahres • Jesuskerze (Advents-, Osterkerze) • christliches Symbol aus dem Kirchenjahr • Teelicht für jedes Kind der Unterrichtsgruppe • Streichhölzer, Feuerzeug, lange dünne Kerze zum Anzünden • Liederbücher, Liedblätter
Durchführung des Gebets • **Anzünden der Kerze(n)**	Anzünden der Jesuskerze: *„Du bist das Licht der Welt."* Entzünden der Teelichter an der Jesuskerze.
• **Gemeinsames Singen** • **Frei formuliertes Gebet**	Das Lied wird von den Kindern ausgesucht oder von der Lehrkraft vorgegeben. Jedes Mitglied der Unterrichtsgruppe formuliert einen eigenen Gebetsruf oder auch einen Gebetstext: • *Einleitung: „Lieber Gott!"* • *„Ich danke dir für ..."* • *„Ich bin traurig, weil ..."* • *„Ich bitte dich darum, dass ..."* • *„Ich bin wütend, denn ..."* • *Abschluss: „Amen."*
• **Vaterunser**	Das Vaterunser wird gemeinsam in Ruhe, evtl. durch Gesten begleitet gesprochen.
Kreuzzeichen **Segnung der Kinder**	• Das Gebet wird mit dem Kreuzzeichen abgeschlossen: *„Im Namen des Vaters, des Sohnes und des Heiligen Geistes. Amen."* • Die Kinder werden mit einer Segensgeste gesegnet: *„So segne uns der dreieinige Gott: Der Vater, der Sohn und der Heilige Geist. Amen."* Oder: *„Der Herr segne und behüte euch.* *Der Herr lasse sein Angesicht über euch leuchten* *und sei mit euch.* *Er gebe euch seinen Frieden. Amen."*

5.6 Registerkarte: Liturgisches Kirchenjahr

Liturgisches Kirchenjahr	
Adventszeit	• Auf dem **violetten** Bodentuch wird der **Adventsweg** mit 24 Teelichten gelegt. Die vier Sonntage können durch große rote Kerzen hervorgehoben werden. An jedem Tag im Advent wird ein neues Teelicht entzündet. So wird der Weg bis Weihnachten stetig heller. • In der Mitte des Gebetskreises liegt ein **Adventskranz**. Bis zum vierten Advent wird nach jedem Sonntag eine Kerze entzündet.
Weihnachtszeit	In der Regel endet der Weihnachtsfestkreis am 2. Februar. Die katholische Kirche feiert Mariä Lichtmess. Der Freude über die Geburt Jesu ist in der Liturgie also viel Raum gegeben. • In den ersten Wochen nach den Weihnachtsferien steht die **Krippe mit dem Jesuskind** in der Mitte eines **weißen oder goldenen Tuches**. • Als Variante bietet sich der **Weihnachtsstern** (Schweifstern) an, der aus Holzrauten gelegt wird. In die Vertiefung in der Raute kann ein Teelicht gestellt werden.
Passionszeit	• In die Mitte des Gebetskreises wird das **Kreuz** gelegt. Als Tuchfarbe eignet sich **violett**.
Osterzeit	• Nach den Osterferien steht eine **neue Kerze** in der Mitte des **weißen oder gelben Tuches**. Sie wird die künftige Jesuskerze sein und das Gebet in der Unterrichtsgruppe über das Jahr hindurch begleiten. Der Osterfestkreis endet mit dem Pfingstfest.
Pfingstzeit	• Nach den Pfingstferien liegt eine **Christus-Ikone** (Christus-Bild) im Zentrum des Gebetskreises. Das Bodentuch ist zunächst **rot**. • In der Zeit bis zu den Sommerferien kann die Ikone liegenbleiben. Die Farbe des Bodentuches kann der liturgischen Farbe für die festfreie Zeit angepasst werden: **Grün**.
Zeiten zwischen den Festkreisen	Am Beginn des neuen Schuljahres bis zur Adventszeit entscheiden die Kinder selbst, welches Symbol die Mitte des Gebetskreises bildet: • Christus-Ikone oder Christus-Bild mit Jesuskerze • Kreuz mit Jesuskerze • ausschließlich die Jesuskerze

6 Erklärung der liturgischen Farben im Kirchenjahr

Adventszeit	Mit dem ersten Adventssonntag beginnt das Kirchenjahr. Die vier Adventssonntage bereiten den Weihnachtskreis vor. Umkehr, Verzicht, Klärung des Lebens drücken sich in der **violetten** Farbe aus.
Weihnachtsfestkreis	Der Weihnachtsfestkreis beginnt mit der Christmette am Heiligen Abend. In der evangelischen Kirche endet er mit dem Fest „Epiphanias" (Erscheinung des Herrn, Dreikönigstag, 6. Januar). Die katholische Kirche beschließt den weihnachtlichen Festkreis am 2. Februar, dem Fest Mariä Lichtmess. Die liturgische Farbe ist **weiß (auch gelb oder golden)**. Die weiße Farbe bezieht sich auf alle Christusfeste und erinnert daran, dass Jesus Christus das Licht der Welt ist. Es empfiehlt sich die Farbe Weiß (Gelb oder Gold) bis zum 2. Februar für das Bodentuch zu verwenden.
Kurze Zeit nach dem Weihnachtsfestkreis	Zwischen dem Ende des Weihnachtsfestkreises bis zum Aschermittwoch, dem Beginn der Passionszeit (Fastenzeit), ist die liturgische Farbe **Grün**. Die grüne Farbe drückt das Wachsen, die Entwicklung, das Reifen des Menschen auf seinem Weg durch die Zeit aus.
Passionszeit Fastenzeit	Während der Passionszeit (Fastenzeit, österliche Bußzeit) liegt ein **violettes** Tuch im Gebetskreis. Das Violett stellt eine Beziehung zum Advent her. Die Vorbereitung auf Ostern wird im Fasten (Verzicht) und durch die Buße (Versöhnung mit dem Leben) gestaltet.
Osterfestkreis	Der Osterfestkreis ist mit fünfzig Tagen die längste Festzeit im Kirchenjahr. Sie endet mit dem Pfingstfest. Wieder ist **Weiß (oder Gelb)** die liturgische Farbe. Das neue, unverbrauchte Leben, das mit der Auferweckung Jesu endgültig beginnt, drückt sich darin aus.
Pfingsten	Das Pfingstfest verwendet die Farbe **Rot**. Das Feuer des Heiligen Geistes, die Sendung des begeisterten Menschen wird so symbolisiert. • In der ersten Schulwoche nach Pfingsten ist es sinnvoll, ein rotes Bodentuch als Hinweis auf das Geistereignis zu verwenden. • Anschließend wird das rote durch ein grünes Tuch ersetzt. Grün ist die Farbe für die Zeit zwischen den großen Festkreisen und den vorausgehenden Vorbereitungszeiten.
Buß- und Bettag	Im evangelischen Kirchenjahr markiert der Buß- und Bettag einen Tag der Umkehr und des Betens um Versöhnung mit dem Leben und Gott. Deshalb verwendet man die Farbe **Violett**.

Heimtraud L. Walz
„Erzählen pur"

Warum erzählen?

Die Bibel selbst fordert die Menschen an verschiedenen Stellen immer wieder auf, von Gott zu reden und das, was Menschen mit ihm erlebt haben, zu erzählen. Das „Erzählen" scheint Gott „angemessen" zu sein. Denn in diesem erzählenden Weitersagen geschieht Verkündigung. Das Erzählen von biblischen Geschichten ist eine sehr geeignete und wunderbare Form, um Lebens- und Glaubenserfahrungen weiterzugeben und sie immer wieder neu in uns lebendig werden zu lassen. Erzählen wird zu Recht als „Muttersprache des Glaubens" bezeichnet.

Im Erzählen oder Hören einer biblischen Geschichte kann eine „alte" Glaubenserfahrung in uns und für uns neu lebendig werden, wir können sie miteinander teilen und Gottes Wirken in uns Raum geben.

Im Religionsunterricht werden biblische Geschichten erzählt. Kinder hören sehr gerne einer frei erzählten Geschichte zu. Sie lassen sich in die Geschichte mit hinein nehmen. Sie sehen sie vor ihrem inneren Auge, hören aufmerksam ihren spannenden Verlauf, teilen mit den Gestalten der Geschichte ihre eigenen Gefühle und Erfahrungen. Jede und jeder hört dieselbe Geschichte anders und doch verbindet sie die Hörer miteinander. Sie ist die Brücke über die Zeiten hinweg zu einer gemeinsamen Erfahrung mit Gott.

Durch das Erzählen von biblischen Geschichten teilen wir als Erzählende den Zuhörern mit, was Menschen mit Gott und im Glauben erlebt haben. Das nun lässt sich nicht sachlich und objektiv erzählen. Die Verfasser der Bibel selbst lehren uns das. Sie erzählen als Begeisterte, sie erzählen als Betroffene und von Gott Angerührte, sie erzählen, weil ihr Herz übervoll ist. Sie erzählen, weil das Erzählte ihr Leben verwandelt hat.

Biblische Geschichten frei nacherzählen

Im Religionsunterricht erzählen wir Geschichten nach, die uns in der Bibel begegnen. Freies Nacherzählen bedeutet, dass wir keine Textvorlage in der Hand haben – wir sprechen frei und erzählen die Geschichte mit unseren eigenen Worten. Das fällt manchen leichter und manchen schwerer. Das Gute daran ist: Erzählen kann man lernen. Es gibt Regeln und Hilfen.

Die wichtigste Regel ist: Um eine biblische Geschichte gut erzählen zu können, muss man diese Geschichte gut kennen und von ihr selbst berührt sein.

Jede gute Erzählung braucht eine **gute Vorbereitung**. Diese Regel gilt für Anfänger und Geübte. Durch die gründliche Vorbereitung lernt der Erzähler die Geschichte gut kennen; er hat die Handlung und die Personen präsent. So kann die Geschichte dann frei und sicher nacherzählt werden. Durch die eigene Stimme verleiht der Erzähler Ausdruck, durch Gestik und Mimik Lebendigkeit. Durch die „Vertrautheit mit der Geschichte" steckt er die Zuhörer an; jener kann sich mit dem eigenen Leben, mit

---

Erzählen als „Muttersprache des Glaubens":
- Erzählendes Weitersagen als Verkündigungsprozess
- Eindrucksvolle Form der Weitergabe von Lebens- und Glaubenserfahrungen

Kinder hören sehr gerne frei erzählten Geschichten zu.
- Jede und jeder hört sie anders.
- Sie ermöglichen gemeinsame Erfahrungen mit Gott.

Die Erlebnisse der Menschen mit Gott werden erzählt aus der Sicht
- der Begeisterung
- der Betroffenheit
- des Angerührtseins
- des übervollen Herzens

Biblische Geschichten frei nacherzählen:
- keine Textvorlage in der Hand

Wichtigste Regel:
- Genaue Kenntnis der biblischen Geschichte
- Persönliches Berührtsein durch die Geschichte

Gründliche Vorbereitung:
- Handlungen und Personen sind präsent
- durch die Stimme Ausdruck verleihen
- durch die Gestik und Mimik Lebendigkeit vermitteln

den Fragen und Hoffnungen, den Gefühlen und Lebenserfahrungen dieser Glaubensgeschichte (neu) anvertrauen.

Inzwischen gibt zu dem Thema „Erzählen lernen" zahlreiche Literatur auf dem Markt (Autoren z. B. Walter Neidhart, Eberhard Dieterich, Irmgard Werth, Werner Laubi, Jochem Westhoff – siehe auch Handbuch „Kirche mit Kindern" (Verlag Junge Gemeinde) und Kapitel 7 („Erzählen im Kindergottesdienst"). Auch werden Fortbildungen zu diesem Bereich angeboten!

NUR MUT: Auf dem Weg zu einer freien (Nach-)Erzählung biblischer Geschichten

Drei Schritte zur Nacherzählung

1. Schritt auf dem Weg: Bilder herstellen – „Siehst du auch, was du erzählst?"

Den biblischen Text in Bilder einteilen: Eine Geschichte, deren Bilder ich kenne, bekomme ich leichter in den Kopf. Wer erzählen will, muss selbst etwas „sehen", damit bei seinen Zuhörern wieder Bilder entstehen können. Welche Vorstellungen, Gefühle und Empfindungen will ich den Kindern mitgeben, will ich aufbauen und fördern und welche nicht? Mit welchen Bildern kann ich das veranschaulichen?

Erster Schritt:
Bilder verbalisieren und veranschaulichen

Sehen lernen – Fantasiearbeit:

Es geht um das Hineindenken und Hineinfühlen in die Bilder einer Geschichte: Ich sehe mich in die Szenerie hinein („Kino im Kopf"). Das kann mit allen Sinnen geschehen. Was sehe ich? Was höre ich? Was spüre ich? Was rieche ich? Was schmecke ich?
Eine klassische Hilfe ist der P.O.Z.E.K.-Schlüssel. Jeder Buchstabe steht für eine Frage an den Text:
P erschließt die **Personen**: Welche Personen agieren in der Geschichte?
O vergegenwärtigt die **Orte**: An welchen Orten spielt die Geschichte?
Z öffnet die **Zeit** der Geschichte: In welcher Zeit tragen sich die Ereignisse zu?
E weist auf den **Ereigniszusammenhang** der Geschichte: Was geschieht alles?
K fragt nach dem Kern, dem **persönlichen Bezug**: Was sagt der Text, der Vers mir ganz persönlich?
Durch die strukturierte „Fantasiearbeit" eignet der Erzähler sich die „fremde" Geschichte als „seine" Geschichte an. Damit wird sie die Geschichte der Zuhörenden. Wer eine biblische Geschichte gut erzählen will, muss herausfinden, was ihm persönlich daran wichtig ist. Das, was ihn berührt (Betroffenheit) und was er gesehen (Fantasiearbeit) hat, das wird er weitererzählen, so sorgfältig, treu und lebendig, wie es eben möglich ist.

Sehen lernen – Fantasiearbeit
- Kino im Kopf
- Was sehe ich?
- Was höre ich?
- Was spüre ich?
- Was rieche ich?
- Was schmecke ich?

P.O.Z.E.K.-Schlüssel
- P = Person
- O = Ort
- Z = Zeit
- E = Ereignis
- K = Kern

2. Schritt auf dem Weg: Meine Erzählung gestalten

Eine Geschichte sollte eine Person haben, die alles erlebt, sieht, wahrnimmt, überlegt, Fragen stellt, Gefühle ausdrückt, sich freut, staunt, sich wundert ... Sie ist es, die die Geschichte von Anfang bis zum Ende erlebt. Sie erleichtert den Kindern das Hineinfinden in die Erzählung.

Die Literaturwissenschaft spricht von **Erlebnisperson oder Identifikationsfigur**. Anders gesagt: Gesucht wird „die Heldin/der Held" unserer Geschichte.

Die Identifikationsfigur gibt auf der einen Seite den Kindern einen Ort/Platz in der Geschichte. Für den Erzählenden ist sie eine wichtige Erzählhilfe. Sie dient als roter Faden und zum Aufbau des Spannungsbogens im Erzählprozess.

Jede gute Geschichte braucht **einen guten Anfang**. Der Anfang muss Aufmerksamkeit wecken, er macht neugierig. Eine Frage wird gestellt, ein Problem/Konflikt angedeutet, Erwartungen werden geweckt.

Jede Erzählung hat einen **klaren Aufbau**:
Einleitung – einzelne Szenen – Höhepunkt – kurzer Schluss
Die Reihenfolge der Bilder sollte stimmig sein, vor allem wenn vor Kindern erzählt wird. Auch die biblische Geschichte sollte „spannend" sein. Denn die Spannung trägt die Geschichte, macht sie „hörenswert". Spannung entsteht vor allem durch die Identifikation mit dem „Helden". Wichtiger als die äußere Spannung ist die innere Spannung einer Geschichte. Die Kinder erleben sie mit: Sie fragen mit, sie freuen sich mit, sie sind gespannt und atmen auf.

Das Geheimnis der Geschichte wird nur langsam preisgegeben: Die Kinder können in der Geschichte etwas entdecken, aufspüren, etwas Unerwartetes erleben.

Ob Spannung in einer Geschichte entstehen kann, hängt sehr stark von der inneren Haltung des Erzählers/der Erzählerin ab. Ist er/sie selbst gespannt? Ist er/sie selbst in der Geschichte?

Die Grundregel beim freien Erzählen

Die Grundregel beim freien Erzählen lautet: **Alles in ein Geschehen verwandeln!**

Das geschieht durch die sprachliche Gestaltung: **Verben** verwenden! Sie tragen das Geschehen. Informationen, Beschreibungen, Zustände, Gefühle werden in **Handlungen** umgesetzt. Wesentlich ist dabei, keine indirekte Rede zu verwenden. Jede indirekte Rede (er sagte, dass ...) wird immer in **direkte Rede** (er sagte: „...") übersetzt. **Kurze Sätze** helfen beim Zuhören und Miterleben. Eine Erzählung sollte nie durch Erklärungen unterbrochen werden. Begriffe vorher erklären, oder in die Geschichte einbauen.

Und zum Schluss der Tipp für den **Schluss einer Geschichte**: Schlecht vorbereitete Erzähler schludern am Schluss. Er wird oft blass, farblos, ungenau und viel zu lang. Gerade das Ende einer Geschichte ist gut vorzubereiten: die Geschichte ausklingen lassen und den Kindern den Abschied ermöglichen (Stille aushalten!)

Zweiter Schritt:
Gestaltung der eigenen Erzählung
- Erlebnisperson oder Identifikationsfigur
  → „Heldin/Held" der Geschichte als roter Faden und zum Aufbau eines Spannungsbogens

- guter **Anfang**

Aufbau
- Einleitung
- einzelne Szenen
- Höhepunkt
- kurzer Schluss
- stimmige Reihenfolge der Bilder
- Spannung in der biblischen Geschichte: innere Spannung als Brücke zum Erleben der Zuhörer

Schluss einer Geschichte:
- gut vorbereiten
- ausklingen lassen
- Abschied ermöglichen
- Stille aushalten

3. Schritt auf dem Weg: Die biblische Geschichte frei erzählen ...

Versuchen Sie es! Wer wagt, gewinnt. Erste, frei erzählte Geschichten sind oft kurz. Das ist in Ordnung. Die Geschichten werden mit wachsender Erfahrung wie von selbst länger. Kurze Geschichten sind keine schlechten Geschichten!

Erzählen üben und probieren – immer wieder:

Erzählen lernt man nur durch Erzählen! Und zum Trost: Es gibt erfahrene Erzähler, die immer noch Lampenfieber haben. Bei Lampenfieber hilft nur eins: Tief durchatmen und mit dem Erzählen beginnen!
Es lohnt sich die „ersten eigenen Geschichten" Wort für Wort aufzuschreiben. Dann erzählen Sie sich die Geschichten selbst laut. Schließlich wagen Sie es dann, frei vor „Publikum" zu erzählen.

Belohnen Sie sich, wenn Sie es geschafft haben, denn Sie haben etwas Wunderbares geleistet!

Ich wünsche Ihnen viel Freude beim Erzählen biblischer Geschichten. Sie ist letztendlich die Freude an unserem Gott, der sich in diesen Geschichten immer wieder neu entdecken und erleben lässt.

Dritter Schritt:
Die biblische Geschichte frei erzählen

- immer wieder Erzählen üben und probieren

Drei Tipps:
- erste Geschichten wortwörtlich aufschreiben
- sich selbst laut erzählen
- sich belohnen

Liednachweis

Adebert, Ulrike/Blohm, Johannes/Ebert, Andreas/Fiedler, Kirsten/Küstenmacher, Werner Tiki/Mehl, Karl
Das Kindergesangbuch
Claudius Verlag, München, 2009[10]

ISBN: 978-3-532-62220-9

Besser mit Brigg Pädagogik!
Praxiserprobte Materialien für Ihren Religionsunterricht!

Ursula Heilmeier/Angelika Paintner

Religionsunterricht informativ – kreativ – praktisch und mehr …

Fantasievolle Ideen zu ausgewählten Themen des Rahmenplans katholische Religion in der Grundschule

3./4. Klasse

92 S., DIN A4,
mit Kopiervorlagen
Best.-Nr. 419

Die zahlreichen durchdachten und praktischen Gestaltungsideen wecken Fantasie, Neugier, Interesse und Verständnis der Kinder an religiösen Inhalten.
Mit wichtigen Hintergrundinformationen, didaktischen Hinweisen, **detaillierten Vorschlägen zur Unterrichtsgestaltung**, gut aufbereiteten Arbeitsblättern u. v. m.

Angelika Paintner

Mit Kindern die Perlen des Glaubens entdecken

Das Wirken Jesu im täglichen Leben deuten und erschließen

76 S., DIN A4,
mit Kopiervorlagen
Best.-Nr. 363

Zu jeder der **10 Perlen des Glaubens** finden Sie in diesem Band grundlegende Gedanken und Hintergrundinformationen, Thementexte aus der Literatur, praktische und didaktische Anregungen zum ganzheitlichen, kreativen Umgang für den Unterricht, Raum für eigene Gedanken und Notizen, abschließende Gebetsgedanken und perfekte Arbeitsblätter. Das **enthaltene Perlenbuch im DIN A5 Format**, das für jedes Kind kopiert werden kann, dient als Arbeitsheft und zur Lernkontrolle.

Georg Schädle

Jesus begegnen

Ein Lehrgang für die 1. und 2. Klasse in der Grundschule

144 S., DIN A4,
mit Kopiervorlagen
Best.-Nr. 425

In diesem praxiserprobten Lehrgang wird auf der breiten Grundlage **sorgsam ausgewählter**, vielfältiger biblischer Texte ein in sich stimmiges Gesamtbild von Jesus angestrebt.
Der **klar strukturierte** Band bietet eine Übersicht der Themen, detaillierte Verlaufsmodelle der einzelnen Unterrichtsstunden, ausführliche methodisch-didaktische Hinweise, **umfangreiches Bildmaterial**, Lieder, perfekte Arbeitsblätter, Musterseiten sowie ausführliche Erläuterungen zu Bildern und Texten.

Juliane Linker

Mein Osterkalender

Fächerübergreifendes Projekt zur intensiven Gestaltung der Passions- und Osterzeit

ab Klasse 3

48 S., DIN A4,
Kopiervorlagen
Best.-Nr. 630

Ein **Mitmach-Kalender** für Kinder mit Mal- und Gestaltungsideen! Dieser Projektband für den **fächerübergreifenden Religionsunterricht** verhilft Kindern zu einem intensiven Erleben der Osterzeit. Durch seinen Aufbau verdeutlicht und vertieft der Kalender die biblischen Ereignisse und Abläufe zu Passion und Auferstehung.

Bestellcoupon

Ja, bitte senden Sie mir/uns mit Rechnung

_____ Expl. Best.-Nr. _____
_____ Expl. Best.-Nr. _____
_____ Expl. Best.-Nr. _____
_____ Expl. Best.-Nr. _____

Meine Anschrift lautet:

Name / Vorname

Straße

PLZ / Ort

E-Mail

Datum/Unterschrift   Telefon (für Rückfragen)

Bitte kopieren und einsenden/faxen an:

**Brigg Pädagogik Verlag GmbH
zu Hd. Herrn Franz-Josef Büchler
Zusamstr. 5
86165 Augsburg**

☐ Ja, bitte schicken Sie mir Ihren Gesamtkatalog zu.

Bequem bestellen per Telefon/Fax:
Tel.: 0821/45 54 94-17
Fax: 0821/45 54 94-19
Online: www.brigg-paedagogik.de

Besser mit Brigg Pädagogik!
Lesekompetenz gezielt entwickeln und fördern!

Annette Weber

Überfall auf das Juweliergeschäft

Ein Lesekrimi der besonderen Art für spannende Stunden im Deutschunterricht

ab Klasse 3

104 S., kart, Klassenlektüre
Best.-Nr. 613

Dieser außergewöhnliche „Entscheide-du"-Krimi der Erfolgsautorin, in dem zwei Kinder trickreich einen Raubüberfall aufklären, liefert Ihnen neuen interessanten Lesestoff, der Ihre Schüler/-innen begeistern wird. Einzelne Kapitel können mit der gesamten Schülergruppe gelesen werden, andere Kapitel laden zum **individuellen Lesen** oder zum Lesen in Kleingruppen ein.

Samuel Zwingli

Kinder lesen vor

Kreative Übungen für eine gezielte Leseförderung

1.–3. Klasse

60 S., DIN A4, Kopiervorlagen mit Lösungen
Best.-Nr. 764

Dieses Buch bietet Ihnen zu verschiedenen Textarten jeweils **abwechslungsreiches Material**, das kopiert und ausgeschnitten im Unterricht eingesetzt oder den Kindern zum Üben als Hausaufgabe mitgegeben werden kann. Die kleinen Rätsel, Fehlergeschichten, Briefe, Dialoge, Wort- und Satzerweiterungen motivieren die Kinder zum Lesen und Vorlesen, **fördern Lesefertigkeit und Textverständnis.**

Marianne Lehker

Flüssig lesen lernen mit Speedy

Aufbau und Sicherung der Lesekompetenz mit Silben- und Wörterteppichen

112 S., DIN A4, farbig
inkl. 15 Farbfolien und Kopiervorlagen
Best.-Nr. 588

Ein effektives Trainingskonzept zur **nachhaltigen Verbesserung der Lesekompetenz auf Wortebene bei Schülern mit LRS!** Durch gezielte tägliche Kurzübungen mit ansteigendem Schwierigkeitsgrad wird die Lesefähigkeit nachweislich verbessert. **Das Besondere dabei:** Die Schüler automatisieren das Lesen durch die Arbeit mit sog. Silben- und Wörterteppichen, die ihnen ein abrufbares Wissen über bestimmte **regelhafte Silbeneigenschaften** vermitteln.

Monika Nowicki

Texte und Arbeitsblätter für eine gezielte Leseförderung

Für Spürnasen und Träumer, Spitzbuben und Streuner

4. Klasse

120 S., DIN A4, Kopiervorlagen mit Lösungen
Best.-Nr. 447

Der Band bietet **12 neue, zeitgemäße** und **spannende Texte** für den Leseunterricht der 4. Klasse. Das Übungsmaterial motiviert die Kinder durch seinen spielerisch-herausfordernden Charakter und ermöglicht Ihnen eine differenzierte Förderung verschiedener Lesetechniken. Die **Lösungsblätter** am Ende jeder Sequenz dienen zur Selbstkontrolle und erleichtern Ihnen die Unterrichtsvorbereitung.

Bestellcoupon

Ja, bitte senden Sie mir / uns mit Rechnung

_____ Expl. Best.-Nr. _____
_____ Expl. Best.-Nr. _____
_____ Expl. Best.-Nr. _____
_____ Expl. Best.-Nr. _____

Meine Anschrift lautet:

Name / Vorname

Straße

PLZ / Ort

E-Mail

Datum/Unterschrift   Telefon (für Rückfragen)

Bitte kopieren und einsenden/faxen an:

**Brigg Pädagogik Verlag GmbH
zu Hd. Herrn Franz-Josef Büchler
Zusamstr. 5
86165 Augsburg**

☐ Ja, bitte schicken Sie mir Ihren Gesamtkatalog zu.

Bequem bestellen per Telefon / Fax:
Tel.: 0821 / 45 54 94-17
Fax: 0821 / 45 54 94-19
Online: www.brigg-paedagogik.de

Besser mit Brigg Pädagogik!
Kreative Kopiervorlagen für Ihren Musikunterricht!

Juliane Linker

Antonio Vivaldi
Die vier Jahreszeiten

Ein musikalisches Märchen für Kinder

36 S., DIN A4, farbig,
Kopiervorlagen mit Lösungen
Best.-Nr. 744

Dieser **Projektband** für den **fächerübergreifenden Musikunterricht** führt Ihre Schüler/-innen behutsam und handlungsorientiert in die Welt der klassischen Musik ein und hilft ihnen, Vivaldis „Vier Jahreszeiten" ganzheitlich zu erfassen, zu verstehen und intensiv zu erleben.
Durch Hören und Lesen nehmen die Kinder das Werk intensiv auf, die abwechslungsreichen Arbeitsaufträge und Übungen vertiefen das Gelernte.

Materialpaket komplett
aus Buch, Poster, Leporello und Audio-CD
Best.-Nr. 512

Buch
60 S., DIN A4,
mit Kopiervorlagen
Best.-Nr. 560

Poster
Best.-Nr. 638

Leporello
Best.-Nr. 639

Audio-CD
Best.-Nr. 559

Sylvia Avrand-Margot

Klassik in der Grundschule

Unterrichtsideen, Kopiervorlagen, CD, Poster und Leporello

22 Stundenbilder zu Werken, Komponisten und Instrumenten der klassischen Musik!
Das perfekte Material, um Grundschulkindern klassische Werke näherzubringen. Die **Stundenbilder im Doppelseitenprinzip** behandeln jeweils ein wichtiges klassisches Musikstück: Die Lehrerseite (links) bietet Informationen, Anregungen und Aktivitäten. Rechts folgen Kopiervorlagen für die Kinder.

Zusatzmaterialien:
Poster (bunt, DIN A2) mit den wichtigsten Instrumenten, **Leporello** mit den wichtigsten Komponisten, **Audio-CD** mit allen Werken und weiterführenden Musikstücken.

Dieter Rehm / Elmar Mutter

Swinging Christmas

39 deutsche und internationale Lieder zur Weihnachtszeit

48 S., DIN A4,
Kopiervorlagen und Audio-CD
Best.-Nr. 682

Alle Jahre wieder …
Dieser Band stellt eine **Auswahl von bekannten deutschen und internationalen Liedern** vor, die Kindern die weihnachtliche Botschaft näherbringen. Die **beiliegende Playback-CD** bietet auch fachfremden Lehrkräften die perfekte Liedbegleitung in flotten Arrangements.

Weitere Infos, Leseproben und Inhaltsverzeichnisse unter
www.brigg-paedagogik.de

Bestellcoupon

Ja, bitte senden Sie mir / uns mit Rechnung

_____ Expl. Best.-Nr. _____
_____ Expl. Best.-Nr. _____
_____ Expl. Best.-Nr. _____
_____ Expl. Best.-Nr. _____

Meine Anschrift lautet:

Name / Vorname

Straße

PLZ / Ort

E-Mail

Datum/Unterschrift   Telefon (für Rückfragen)

Bitte kopieren und einsenden/faxen an:

Brigg Pädagogik Verlag GmbH
zu Hd. Herrn Franz-Josef Büchler
Zusamstr. 5
86165 Augsburg

☐ Ja, bitte schicken Sie mir Ihren Gesamtkatalog zu.

Bequem bestellen per Telefon / Fax:
Tel.: 0821 / 45 54 94-17
Fax: 0821 / 45 54 94-19
Online: www.brigg-paedagogik.de